W0048047

ECKART HAENCHEN

Rosen pflegen und schneiden

MIT
44 FARBFOTOS
27 ZEICHNUNGEN

VERLAG EUGEN ULMER
ÖSTERREICHISCHER AGRARVERLAG

Vorwort

Um die Rose ranken sich Märchen, Geschichten, Sagen und Gedichte. Seit Jahrtausenden ist sie mit der Kulturgeschichte der Menschen verbunden. Ihre Blüte, der Duft und die Farben ziehen uns an, gleichzeitig schreckt uns aber die Wehrhaftigkeit der stacheligen Schönen ab.

Die Rose ist so vielfältig in ihrer Erscheinung wie kaum eine andere Pflanze. Sie wächst in Bodennähe oder klettert meterhoch in Bäume, sie kann steif und störrisch sein oder biegsam und elastisch. Sie blüht nur wenige Tage oder aber monatelang. Das Farbspektrum erstreckt sich von Weiß, Rosa und Orange über unendlich viele Rottöne bis hin zu Schwarzrot. Auch bläuliche oder bräunliche Farbtöne treten auf, einheitlich oder innerhalb des Blütenblattes variierend.

Einige Rosen bieten schon von weitem ein Dufterlebnis, entweder ein zartes Einschmeicheln oder eine intensive Note mit einem Spektrum von einer schweren, süßlich-blumigen bis hin zur herb-würzigen Note; andere wiederum enttäuschen, wenn der Duft fehlt. Die Rose hält sich unliebsame Besucher mit kleinen Drüsenstacheln oder großen Widerhaken vom Leib. Das Laub ist hell- oder dunkelgrün, manchmal rötlich, glänzend oder matt. Im Herbst bleibt es bis zum Frost grün oder entfacht ein leuchtend gelbes bis rötliches Feuerwerk. Einige Rosen entwickeln gar keine Hagebutten, andere auffallend große in Grün, Rot, Schwarz und allen Zwischenfarben.

Ist es die überwältigende Vielfalt der Rosen, die so viele Unsicherheiten im Umgang mit der „Königin der Blumen" verursacht? Obwohl die Rose den Menschen schon lange begleitet, wahren wir ihr gegenüber oft einen ehrfurchtsvollen Abstand. Diese Scheu soll mit diesem Buch überwunden und Unsicherheiten in der Behandlung, insbesondere bei den Schnittmaßnahmen, ausgeräumt werden. Wichtig sind neben einigen notwendigen Grundsätzen vor allem Selbstvertrauen und ein bisschen Mut zum Experimentieren. Am besten und schnellsten lernen wir die Pflanzen bei der Arbeit, beim Beobachten und Dokumentieren ihrer Reaktionen kennen. Garantierte Erfolgsrezepte für den Umgang mit der Rose kann man ehrlicherweise nicht geben, jedoch einige Grundregeln und Anregungen liefern. Der jeweilige Standort, das Wetter, die Klimabedingungen und nicht zuletzt die eigenen Zielvorstellungen müssen bewusst in die Pflegemaßnahmen mit eingebunden werden. Vor allem gilt: Wer aus seinen Rückschlägen lernt, dem ist der Erfolg auf Dauer sicher.

Eckart Haenchen
Dresden im Frühjahr 2002

Inhaltsverzeichnis

Einmaleins des

ROSENGÄRTNERS

Beim Lesen erscheinen die verschiedenen Anweisungen oft ganz einfach, doch die Natur hält sich nicht immer ganz an Beschreibungen oder bildliche Darstellungen. So bleibt jeder Erklärungsversuch eine Vereinfachung, die typische Verhältnisse darstellen soll. Für den Leser ist es immer wieder spannend, diese „graue" Theorie in „bunte" Realität umzusetzen.

Für einen fachgerechten Schnitt und die richtige Rosenpflege benötigen Sie einige grundlegende Kenntnisse und Regeln. Diese sind aber kein Gesetze, sondern sie sollen von Ihnen je nach gestelltem Ziel und gegebenen Voraussetzungen angewandt werden. Eine gute Beobachtungsgabe verhilft dabei sehr schnell zum richtigen Gefühl für Ursache und Wirkung.

Vergleicht man mehrere Veröffentlichungen zum Thema Rosenschnitt, wird man nicht immer auf einheitliche Ansichten und Darstellungen stoßen. Diese sind deswegen nicht gleich falsch. Oft handelt es sich einfach nur um unterschiedliche Sichtweisen des gleichen Problems, die auf individuellen Erfahrungen, auf unterschiedlichen Standortverhältnissen und auf voneinander abweichenden Betrachtungsweisen beruhen. Der erfahrene Rosenfreund wird bewusst oder unbewusst dazu übergehen, die einzelnen Sorten unterschiedlich zu behandeln. Es kann aber nicht der Sinn eines Garten-Ratgebers sein, für praktisch jede Rosensorte Schnittzuordnungen und Pflegeanweisungen zu erstellen. Allein in Deutschland werden mehr als 3 000 Sorten aktuell im Handel angeboten und jedes Jahr kommen 40 bis 50 neue hinzu. Viel wichtiger sind bestimmte Grundkenntnisse, die jedem Rosengärtner dabei helfen werden, seine Kreativität zu entfalten, die Bedürfnisse seiner Schützlinge zu erkennen und seine gesammelten Erfahrungen richtig anzuwenden.

Der Aufbau der Rosenpflanze

Die Rose ist ein vieltriebiger, verholzender Strauch. Er besitzt keinen dominanten Mitteltrieb, sondern besteht aus mehreren Haupttrieben, an denen sich Nebentriebe entwickeln. Diese Nebentriebe sind besonders bei den Sorten, die pro Jahr nur einen Blütenflor hervorbringen, von Bedeutung, weil sich an ihnen die Blüten ausbilden. Die Triebe der einzelnen Rosensorten sind verschieden stark bestachelt. Entgegen weit verbreiteter Meinung hat die Rose Stacheln und keine Dornen. Anzahl und Form der Stacheln sind sehr unterschiedlich. Stacheln gibt es in eher drüsigen Formen bis hin zu beachtlichen Größen. Die Laubblätter sind unpaarig gefiedert, das heißt, sie bestehen immer aus einer ungeraden Zahl an Fiederblättern. Die heutigen Kultursorten besitzen meist fünf Fiederblätter, die Wildarten je nach Art häufig sieben bis neun oder sogar bis zu fünfzehn Fiederblätter. In der Blattachsel – das ist die Stelle, an der das Blatt aus dem Trieb entspringt – befindet sich eine Knospe, das so genannte „Auge". Es kann austreiben und die weitere Verzweigung des Strauches bewirken. Von diesem Auge wird im Zusammenhang mit dem Schnitt der Rosen immer wieder die Rede sein.

Die Rosenblüte besteht aus Kelchblättern, Blütenblättern, Staubblättern und Fruchtblättern. Die Grundzahl der Blütenblätter ist fünf. Bei den gefüllten Blüten ist diese Zahl meist nicht mehr erkennbar, zumal häufig Übergangsformen zwischen Blüten- und Staubblättern auftreten.

Die Hagebutte, die vermeintliche Frucht der Rose, ist eine Scheinfrucht. Erst die darin befindlichen Körner sind die echten Früchte, die botanisch wiederum zu den Nüsschen gehören.

„Zweigeteilte" Rosen

Die veredelte Rose besteht aus zwei Pflanzen: Die Wurzel bis einschließ- lich Wurzelhals bildet die so genannte „Unterlage". In den Wurzelhals wird die gewünschte Edelsorte veredelt. Bei Stammrosen gehört auch noch der Stamm zur Unterlage.

Die Krone, also der Teil der Rose, auf- grund dessen wir sie überhaupt in den Garten holen, wird von der Edel- sorte gebildet. Die Unterlage besteht aus ausgelesenen Wildrosentypen, die durch Samen vermehrt werden. Diese Methode der Vermehrung wurde Mitte des 19. Jahrhunderts in Schles- wig-Holstein und in Sachsen etwa gleichzeitig entwickelt. Sie stellte die Grundlage für eine Massenvermeh- rung von Rosen dar. Die meisten der auch heute noch verwendeten Unter- lagentypen wurden vor etwa 100 Jah- ren ausgelesen. Für den Rosenlieb- ber hat es in der Regel jedoch kaum eine Bedeutung, auf welche Unterlage seine Rose veredelt ist, da die Auswir- kungen auf die Edelsorte nicht so gra- vierend sind wie beispielsweise beim Obst.

STACHELN ODER DORNEN?

Stacheln sind Ausstülpungen der Oberhaut des Triebes und gehören zur Rinde. Man kann sie im Gegensatz zu Dornen durch leichten Druck ohne größere Verletzung der Pflanze abbrechen. Dornen sind umge- bildete Seitentriebe der Pflanze, die mit den Leitbündeln des Triebes verbunden und dadurch fest mit ihm verwachsen sind.

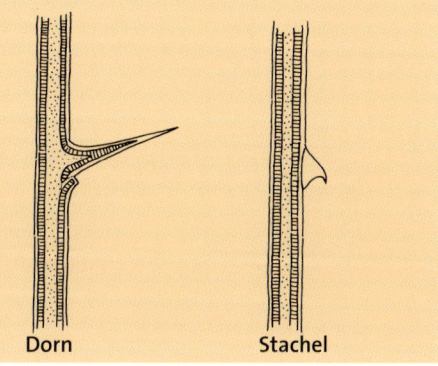

Dorn   Stachel

Bei Rosen, die „auf eigener Wurzel stehen", gehören ober- und unterirdi- scher Teil zur gleichen Pflanze. Dies ist der Fall bei Rosen, die zum Bei- spiel durch Stecklinge oder unter ste-

AUF GESUNDEN FÜSSEN STEHEN

Der unterirdische Teil der veredelten Pflanze, die Unterlage, schafft im wahrsten Sinne des Wortes die Grundlage für die Schönheit und Beständigkeit der Edelsorte. Durch die Un- terlage sind die Kultursorten so robust, dass sie auch ohne Topf oder Container verpflanzt werden können. Mit Hilfe der Veredlungs- technik kann man Sorten heranziehen, die man nicht durch Stecklinge vermehren kann.

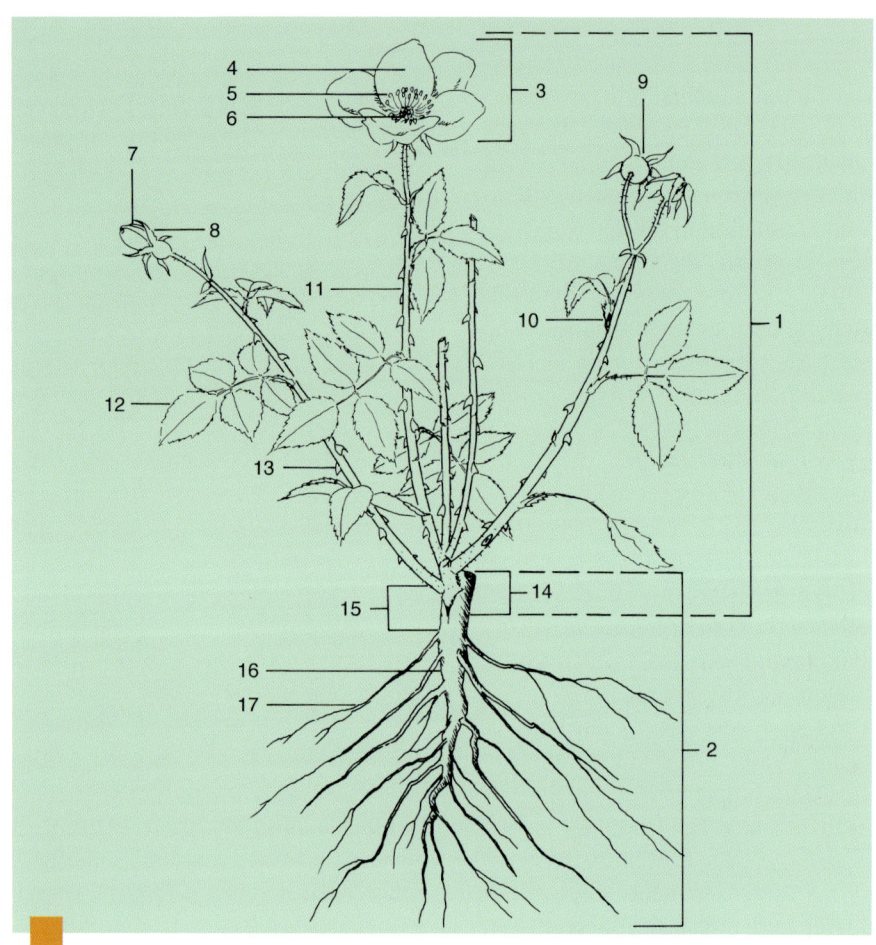

Aufbau einer Rosenpflanze

1 Edelsorte	7 Knospe	13 Stacheln
2 Unterlage	8 Kelchblätter	14 Veredelungsstelle
3 Blüte	9 Hagebutten	15 Wurzelhals
4 Blütenblatt	10 Achselknospe = Auge	16 Hauptwurzel
5 Staubblätter	11 Einjähriger Trieb	17 Nebenwurzel
6 Fruchtblätter	12 Laubblatt	

rilen Bedingungen im Reagenzglas vermehrt worden sind. Diese „in-vitro"-Methode wird vielfach bei bodendeckenden Rosen und Zwergro-sen angewandt, speziell bei den als blühende Ware angebotenen Topfro-sen. Auch die aus Samen vermehrten Wildrosen zählen zu diesen „wurzel-echten" Rosen.
Äußerlich erkennbar ist das daran, dass die Pflanzen keine Veredlungs-stelle am Wurzelhals aufweisen. An

der ausgegrabenen Pflanze sieht man außerdem, dass das Wurzelsystem stecklingsvermehrter Rosen viel feiner ist, mit weniger Hauptwurzeln und einem viel größeren Anteil Faserwurzeln. Diese zarten Wurzeln können an der Luft sehr schnell austrocknen, sodass diese Rosen in der Regel nur im Topf oder Container angeboten werden. Ein Vorteil der stecklingsvermehrten Rosen besteht darin, dass sich ohne Unterlage keine unerwünschten Wildtriebe bilden können.

Ordnung in die Vielfalt

Für die Praxis ist es sinnvoll, das nahezu unübersehbare Rosensortiment zu gliedern. An die 40 000 Rosensorten, die größtenteils im Laufe der letzten zwei Jahrhunderte gezüchtet wurden, können anhand ihrer verschiedensten Merkmale zu bestimmten Gruppen zusammengefasst werden. Historisch gewachsen ist eine Klassifizierung nach der Abstammung. Da gibt es zum Beispiel die *Gallica*-Hybriden, die Portlandrosen oder die *Multiflora*-Hybriden. Dem Laien nützt diese Zuordnung allerdings wenig. Deshalb hat sich für die modernen Rosen eine Klassifizierung nach dem Verwendungszweck durchgesetzt. Unter einer Zwerg- oder einer Kletterrose kann sich jeder Hobbygärtner etwas vorstellen. Nur darf man dabei nicht vergessen, dass diese Einteilung nicht zwingend ist. So kann eine weichtriebige Kletterrose, wenn man sie nicht aufbindet, zur bodendeckenden Rose werden oder eine stark wachsende Beetrose bei entsprechenden Schnittmaßnahmen und Klimaverhältnissen zur Strauchrose. Die Grenzen sind also fließend und im Einzelfall willkürlich.

Die verschiedenen Rosenklassen (von links nach rechts: Zwergrose, Edelrose, Beetrose, Strauchrose, Kletterrose).

FÜR JEDEN WUNSCH DIE RICHTIGE ROSE

Viele Firmen versuchen, Sortimente mit bestimmten Eigenschaften oder Verwendungsmöglichkeiten – seien es ein intensiver Duft, spezielle Blütenformen oder Wuchseigenschaften – unter einem Gruppennamen zu vermarkten. Das erleichtert dem Laien die Auswahl, solange er sich im Angebot einer Firma bewegt. Darüber hinaus haben die Bezeichnungen keine Gültigkeit. Egal, mit welcher Strategie die Sorten vermarktet werden, immer lassen sie sich einer der allgemeinen Klassen zuordnen, die weitgehend auch international verwendet werden.
In nachfolgender Übersicht finden Sie einige Sortentipps für Rosen mit besonderen Eigenschaften.

'Sympathie' (W. Kordes' Söhne 1964) vereint als öfter blühende Kletterrose kräftige Farbe, Duft, Wüchsigkeit und Gesundheit.

Duftrosen Sorte	Klasse	Blütenfarbe
'Duftwolke'	Edelrose	korallenrot
'Erotika'	Edelrose	dunkelrot
'Friesia'	Beetrose	gelb
'Sutter's Gold'	Edelrose	gelb mit rot
'Sympathie'	Kletterrose	dunkelrot

Die Strauchrose 'Abraham Darby' (Austin 1985) gehört zu den Rosen, die unter dem Begriff „Englische Rosen" den Charme Alter Rosen mit Blühdauer und Farben neuer Sorten kombinieren.

Nostalgierosen		
Sorte	**Klasse**	**Blütenfarbe**
'Abraham Darby'	Strauchrose	orange-rosa
'Acropolis'	Beetrose	verwaschen rosa
'Bernstein Rose'	Beetrose	bernsteinfarben
'Eden Rose'	Strauchrose	zartrosa
'Graham Thomas'	Strauchrose	gelb
'Heritage'	Strauchrose	rosa
'Leonardo da Vinci'	Beetrose	dunkelrosa
'Nostalgie'	Edelrose	cremeweiß, Rand kirschrot
'Polka 91'	Strauchrose	bernsteinfarben

Sorten mit gestreiften Blütenblättern wollen aus der Nähe betrachtet werden, hier die Strauchrose 'Variegata de Bologna' (Bonfiglioli 1909)

Rosen mit gestreiften Blütenblättern		
Sorte	**Klasse**	**Blütenfarbe**
'Caribia'	Edelrose	gelb, rot gestreift
'Marvelle'	Edelrose	gelb, orange, rot geflammt
'Pan'	Zwergrose	orange, gelb gestreift
'Papageno'	Beetrose	dunkelrot, weiß geflammt
'Papagena'	Beetrose	orange, goldgelb geflammt
'Philatelie'	Edelrose	rot-weiß geflammt
Rosa gallica 'Versicolor'	Strauchrose	hellrosa, karminrot gestreift

HINWEIS:

Bestehende Schutzrechte durch Marken-, Patent- oder Sortenschutz wurden nicht angegeben. Das bedeutet nicht, dass hier genannte Sorten oder Bezeichnungen frei von Schutzrechten sind.

Edelrosen

Der Zusatz „Edel" suggeriert etwas Besonderes, von anderen nicht Erreichbares – und ist doch nur Ansichtssache. Die Gruppe der Edelrosen stellt sich der Laie als Erstes vor, wenn er den Begriff Rose hört.

Ein „Gütesiegel" für Rosen

In Katalogen findet man für verschiedene Rosensorten den Hinweis „ADR-Rose". Dieser Zusatz weist die Rose als besonders robust und widerstandsfähig aus, denn sie hat mit Erfolg ein strenges Prüfungsverfahren, die Allgemeine Deutsche Rosenneuheitenprüfung, durchlaufen: An elf Standorten aus den verschiedenen Regionen Deutschlands mit unterschiedlichen Klima- und Bodenbedingungen werden sie über mehrere Jahre hinweg hinsichtlich Winterhärte, Reichblütigkeit, Duft, Wuchsform und Aussehen der Blüte, insbesondere aber Widerstandsfähigkeit gegen Krankheiten beurteilt. Nur die Sorten, die an allen Standorten über einen längeren Zeitraum sehr gut abschneiden, erhalten das Prädikat und dürfen als „Anerkannte Deutsche Rose" (ADR) geführt werden. Wenn eine Rose in späteren Jahren die geforderten Kriterien nicht mehr erfüllt, wird ihr das ADR-Zeichen wieder aberkannt.

Diese Rosen kennt er als Schnittblumen, die man einzeln oder als Strauß überreicht. Im Vordergrund steht hier die große, gefüllte Blüte, die in der Regel allein auf einem langen, geraden Stiel steht. Aber die Anforderungen an ein „edles" Äußeres sind Veränderungen unterworfen. Lange Zeit musste es die lange, spitze Knospe sein, im Trend von Landhausstil und Nostalgie dann wieder die rundliche, stark gefüllte Blüte. Die Form der im Blumengeschäft angebotenen Schnittblume führt nicht selten zu der irrigen Annahme, diese Rosen würden immer nur eine einzige Blüte entwickeln. Diese eine Blüte ist jedoch übrig geblieben, weil die Nebenknospen ausgebrochen wurden. Ebenso verhält es sich mit allen anderen Edelrosen. Normalerweise entwickeln sie am Triebende mehrere Blütenansätze: einen an der Triebspitze, die so genannte Terminalknospe, und darum herum mehrere Seitenknospen. Werden die Nebenknospen rechtzeitig ausgebrochen, entwickelt sich eine besonders große Blüte, andernfalls entstehen mehrere Blüten. Die Edelrosen, die auch unter den Begriffen „Teehybriden" oder „Gartenrosen" geführt werden, sind vor allem dazu gedacht, wenige große Blüten auf langen, geraden Stielen für die Vase auszubilden. Das hat allerdings den Nachteil, dass sie sich meist weniger gut für die Gestaltung im Garten eignen. Die geraden Triebe wirken etwas steif, und die geringe Anzahl von Trieben lässt eine mit

Edelrosen mit ADR-Gütesiegel	
Sorte	**Blütenfarbe**
'Aachener Dom'	silbrig-lachsrosa
'Alexander'	lachsfarben/ziegelrot
'Banzai 83'	goldgelb, Rand lachsrot
'Berolina'	zitronengelb
'Carina'	silbrigrosa
'Duftwolke'	lachsfarben bis korallenrot
'Elina'	grünlich getönt/hellgelb
'Erotika'	blutrot
'Florentina'	samtig blutrot
'Freude'	lachsrot/gelb
'Königin der Rosen'	lachsfarben/orange
'Lolita'	kupfrig-lachsfarben
'Mildred Scheel'	schwärzlich blutrot
'Rebecca'	rot/goldgelb

'Aachener Dom' (Meilland 1982) ist eine überzeugende Edelrose mit kräftigen Stielen und duftenden Blüten.

Edelrosen bepflanzte Fläche etwas „kahl" erscheinen.

Beetrosen

Unter Beetrosen versteht man Sorten, die für die beetweise, flächige Pflanzung geeignet sind. In dieser Gruppe sind die früher üblichen Bezeichnungen der *Polyantha*, *Polyantha*-Hybriden, *Floribunda*, *Floribunda-Grandiflora* aufgegangen, die sich vor allem an der Blütengröße orientieren. Eine Abgrenzung ist kaum möglich und sollte aus der allgemeinen Sortenbeschreibung hervorgehen. Wichtig ist, dass diese Rosen in der Regel zu mehreren in Gruppen gepflanzt werden.

Die Einzelblüte tritt in der Bedeutung hinter den Gesamteindruck der Pflanze oder der Pflanzengruppe zurück. Hier geht es vorrangig um eine üppige, möglichst ausdauernde Blütenpracht während der Sommermonate. Schließlich ist es bei einer Rosenrabatte oder einer Rosengruppe weniger wichtig, irgendwann einmal eine einzelne bezaubernde Blüte zu sehen, sondern dem Betrachter über eine möglichst lange Zeit hinweg viele Blüten über attraktivem, dichtem Laub zu bieten. Das Sortiment ist sehr breit gefächert. Eine riesige Farbpalette steht ebenso zur Auswahl wie unterschiedliche Blütengrößen, Blütenformen und Blütenfüllungen. Die Wuchshöhen bieten ein Spektrum von 40 bis hin zu 100 cm. Ihrem Verwendungszweck entsprechend sind

Beetrosen mit ADR-Gütesiegel	
Sorte	**Blütenfarbe**
'Andalusien'	leuchtend blutrot
'Aspirin-Rose'	weiß/hellrosa
'Bad Birnbach'	karminrosa
'Blühwunder'	hellrosa bis lachsrosa
'Bonica 82'	hellrosa
'Brautzauber'	weiß
'Celina'	hellgelb
'Chorus'	lachsrot bis scharlachrot
'Dalli-Dalli'	tief blutrot
'Dolly'	tief karminrosa
'Edelweiß'	cremeweiß
'Escapade'	lilarosa, Mitte weiß
'Friesia'	hell goldgelb
'Georgette'	rosa
'Goldener Sommer'	hell goldgelb
'Happy Wanderer'	dunkel blutrot
'IGA 1983 München'	karminrosa
'Kronjuwel'	dunkelrot
'La Sevillana'	scharlachrot
'Lavender Dream'	lavendel/karminrosa
'MaxiVita'	orangerosa
'Mazurka'	hellrosa
'Melissa'	hellrosa
'Montana'	scharlachrot/orange
'Nemo'	weiß
'Neon'	karminrosa
'Pink La Sevillana'	lachsgetönt rosa
'Play Rose'	karminrosa
'Puszta'	dunkel blutrot
'Queen Mother'	lachsfarben
'Ricarda'	lachsfarben/rosarot
'Rosenprofessor Sieber'	lachsfarben
'Schloß Mannheim'	scharlachrot
'Schöne Dortmunderin'	rosa
'Tornado'	scharlachrot
'Travemünde'	dunkelrot
'Vicky'	orangerot
'Vinesse'	hellorange bis rosa

Die Beetrose 'Bernstein-Rose' (Rosen Tantau 1987) bringt sowohl eine interessante Farbe als auch die nostalgische Blütenform in den Garten.

die Pflanzen im Allgemeinen buschiger, dichter und stärker flächendeckend als die Edelrosen. Dabei sind die Grenzen zwischen Beet- und Edelrosen ebenso fließend wie zwischen den althergebrachten Gruppierungen der Beetrosen.

Strauchrosen
Die Strauchrosen kommen dem ursprünglichen Habitus vieler Wildrosen am nächsten. Sie können Pflanzenhöhen von über 1 m bis zu 2 m erreichen. Deshalb können Sie sie als Einzelsträucher, in kleinen Gruppen, in Heckenform oder in Verbindung mit anderen Blütensträuchern einsetzen. Alle anderen Merkmale können sehr unterschiedlich sein. Blütenfar-

'Frühlingsgold' (Kordes 1937) gehört zu den einmal blühenden Strauchrosen, die das Rosenjahr oft schon Anfang Mai eröffnen.

Strauchrosen mit ADR-Gütesiegel	
Sorte	**Blütenfarbe**
'Angela'	karminrosa
'Armada'	rosa bis hellrosa
'Baum's Rokkoko'	helllila bis blaurosa
'Bingo Meidiland'	rosarot bis hellrosa
'Bischofstadt Paderborn'	zinnoberscharlachrot
'Bonanza'	goldgelb, Rand kupferfarben
'Burghausen'	leuchtend blutrot
'Crimson Meidiland'	leuchtend rot
'Dirigent'	blutrot
'Dortmunder Kaiserhain'	hellrosa
'Elmshorn'	intensiv rosa
'Felicitas'	karminrosa
'Fontaine'	samtig blutrot
'Grandhotel'	samtig blutrot
'Hagenbecks Tierpark'	dunkelrosa
'Lichtkönigin Lucia'	zitronengelb
'Northern Lights'	dunkelrosa
'Pierette'	violett bis karminrot
'Postillion'	leuchtend gelb
'Ravenna'	rosarot bis hellrosa
'Ravensberg'	scharlachrot
'Richard Strauß'	rosarot, Mitte weiß
'Robusta'	karminrot
'Rödinghausen'	scharlachrot
'Romanze'	karminrosa
'Rote Apart'	lilarosa
'Rote Woge'	scharlachrot
'Rotes Meer'	karminrot bis hellviolett
'Rugelda'	zitronengelb
'Schneewittchen'	reinweiß
'Vogelpark Walsrode'	hellrosa
'Westerland'	bernsteinorange
'Windrose'	rosa

ben und Blütengrößen variieren stark, die Blütenstände können sämtliche Formen aufweisen und die Wuchsformen reichen von straff aufrecht bis breit überhängend. Unter den Strauchrosen gibt es neben den heute üblichen öfter blühenden auch eine ganze Reihe sehr wertvoller einmal blühender Sorten. Diese Sorten entwickeln im ersten Jahr Langtriebe, an deren Kurztrieben im Folgejahr die Blüten entstehen. Das ermöglicht zum Beispiel die extrem frühe Blüte der so genannten „Frühlings"-Sorten, an der man sich an günstigen Standorten schon Ende April erfreuen kann. Diese Sorten blühen einmal im Jahr sehr reich, für den Rest des Jahres aber nicht mehr oder nur noch mit vereinzelten Blüten. Zuweilen werden die einmal blühenden Sorten unter dem Begriff der „Park- und

Moosrosen" gesondert angeboten. Viele der so genannten „Alten Rosen" gehören entsprechend ihrer Wuchsform nach heutiger Einteilung in die Gruppe der Strauchrosen. Die öfter blühenden Sorten verhalten sich wie die Edelrosen oder Beetrosen: Der sich entwickelnde Trieb schließt während der Vegetationsperiode sein Längenwachstum ab und treibt an der Spitze eine Blüte oder einen Blütenstand. Trieb und Blüte entstehen also im gleichen Jahr.

Kletterrosen

Mit dem Begriff Kletterrose assoziiert man oft langtriebige, bogig überhängende Sorten, die eine Dornröschen-Welt mit verschwiegenen Rosenlauben schaffen. Diese Pflanzen sind tatsächlich imposante Erscheinungen, die zur Zeit ihrer Hauptblüte eindrucksvoll den Sommer begrüßen. Kletterrosen können sich nicht selbst aufrecht halten, sie brauchen eine

Blütenträume, wenn Kletterrosen sich wohl fühlen; hier die einmal blühende *Rosa filipes* 'Brenda Colvin' (Sunningdale Nurseries 1970)

Kletterhilfe, an der sie angebunden werden. In Sträuchern oder Bäumen, wo ihnen reichlich Halt geboten wird, finden sie selbst einen Weg nach oben. Rosen besitzen keine Haftscheiben; sie schlingen und winden sich auch nicht wie andere Pflanzen. Deshalb sind Begriffe wie „Schlingrosen" oder „Rankrosen" falsch. Kletterrosen sind Spreizkletterer und können sich nur mithilfe ihrer Stacheln festhaken. Wie bei den Strauchrosen gibt es bei den Kletterrosen neben den heute meist üblichen öfter blühenden Sorten auch einmal blühende. Die einmal blühenden Sorten wachsen in der Regel stärker, denn diese Sorten können ein ganzes Jahr lang neue Langtriebe bilden. Erst im Folgejahr entstehen daran die Kurztriebe und Blüten.

Kletterrosen mit ADR-Gütesiegel	
Sorte	**Blütenfarbe**
'Compassion'	silbrig-lachsrosa
'Dortmund'	blutrot, Auge weiß
'Flammentanz'	blutrot
'Manita'	mittelrosa, gelbe Mitte
'Morning Jewel'	karminrosa
'Parkdirektor Riggers'	samtig-blutrot
'Rosenresli'	lachsrosa
'Rotfassade'	leuchtend rot
'Super Excelsa'	karminrosa bis rot
'Sympathie'	tief scharlachrot

Die Blüten der öfter blühenden Sorten sitzen am Triebende. Da diese Pflanzen wiederholt im gleichen Jahr blühen sollen, muss der Trieb sein Wachstum beenden, um neue Blüten anzusetzen. Dem Zuwachs sind also Grenzen gesetzt. Träume von Rosen, die von hohen Rosenbögen und -lauben sowie aus Baumwipfeln leuchten, lassen sich deshalb nur mit einmal blühenden Rosensorten verwirklichen. Dabei gleichen die einmal blühenden Sorten ihre kürzere Blütezeit durch einen überreichen Blütenflor aus.

Bodendeckende Rosen

Bodendeckende Rosen werden auch „Flächendeckende Rosen" oder „Kleinstrauchrosen" genannt. Diese Mehrfachbenennung zeugt bereits von den vielfältigen Einsatzmöglichkeiten dieser Gruppe. Entstanden ist dieses Sortiment ursprünglich durch die Zielsetzung, die im öffentlichen Grün zwar pflegeleichte, aber auf Dauer langweilige Bepflanzung vor allem mit *Cotoneaster*-Sorten als Bodendecker aufzulockern und zu ergänzen. Es wurden dicht wachsende, robuste Rosensorten mit bodendeckenden Eigenschaften gesucht. Dafür eignen sich unterschiedlichste Formen. Anfangs zog man zu diesem Zweck alte Sorten heran und verwen-

Bodendeckende Rosen mit ADR-Gütesiegel	
Sorte	**Blütenfarbe**
'Apfelblüte'	zartrosa bis weiß
'Arcadia'	rosa
'Bayernland'	hellrosa
'Danica'	weiß
'Estima'	hellrosa, Mitte gelb
'Foxi'	karminrosa
'Hannovers Weiße'	weiß
'Heidetraum'	rosarot
'Magic Meidiland'	karminrosa
'Marondo'	rosa
'Medusa'	dunkelrosa
'Mirato'	pinkfarben
'Palmengarten Frankfurt'	karminrosa bis rot
'Pink Bassino'	rosa
'Pink Meidiland'	lachsrosa, Mitte weiß
'Red Yesterday'	karminrot, weißes Auge
'Repandia'	hellrosa, Mitte weiß
'Saremo'	hellrosa
'Schneeflocke'	reinweiß
'Schneekönigin'	weiß
'Schneesturm'	cremeweiß
'Sommerabend'	lachsfarben
'Sommerwind'	reinrosa
'Wildfang'	rosa bis hellrosa
'Yesterday'	hellrosa

'Heidetraum' (Noack 1988) und 'Scarlet Meidiland' (Meilland 1986) beleben den Garten bis in den Herbst.

'Zwergkönig 78' (W. Kordes' Söhne 1978) weist schon im Namen auf seine Größe hin.

dete unter anderem einmal blühende, langtriebige Formen, aufrecht wachsende, Ausläufer bildende Sorten, aber auch kleinblumige Zwergpolyantha-Rosen.

Die Züchter brachten bald eine Vielzahl neuer Sorten in den Handel. Diese musste man nun zumindest nach den Wuchseigenschaften untergliedern. Folgende fünf Wuchsgruppen wurden festgelegt:

1) schwach wachsend, flach niederliegend
2) steif aufrecht wachsend
3) niedrig, buschig wachsend
4) leicht bogig überhängend
5) stark wachsend, flach niederliegend

Problematisch ist die Bezeichnung bodendeckende Rosen für den Laien insofern, als er von einer bodendeckenden Pflanze meist erwartet, dass sie sich wenige Zentimeter über dem Boden kriechend ausbreitet. Das

tun diese Sorten jedoch im Normalfall nicht. Um diesem Irrtum vorzubeugen, wurden die Bezeichnungen „Flächendeckende Rosen" oder auch „Kleinstrauchrosen" eingeführt. Hier sind wir wieder bei den fließenden Grenzen zu anderen Gruppen, denn viele Kleinstrauchrosen wären noch vor wenigen Jahrzehnten ohne Widerspruch bei den heutigen Beetrosen eingruppiert worden.

Zwergrosen

Ein niedriger, gedrungener Wuchs und Pflanzenhöhen von meist nicht mehr als 25 bis 35 cm kennzeichnen die Zwergrosen. Die Blüten sind entsprechend klein, das Laub zierlich, die Triebe dünn. Die Vorstellung vom „Kussröschen" hat sich jedoch stark gewandelt. Seit sich der Zierpflanzenbau mit modernen Anzuchtmethoden ab etwa 1980 ganz besonders der Topfrose angenommen hat, wurden viele neue Sorten gezüchtet. Dadurch entstanden für die Rose im Topf, im Kübel oder im Balkonkasten ganz neue Verwendungsmöglichkeiten. Natürlich profitierte man davon auch bei Dauerpflanzungen im Freiland. Gleichzeitig wurden Wüchsigkeit, Gleichmäßigkeit und Dichte der Pflanze, Blütenmenge und Blütengröße sowie die Pflanzengesundheit stark verbessert. Dabei wurden streng definierte Sortengruppen für verschiedene Angebotsformen geschaffen, wobei es zum Teil schon wieder zu Überschneidungen mit den niedrigen Beetrosen kommt.

Warum nur werden solche lebensfrohen Blütenkaskaden als Trauerrose bezeichnet?

Stammrosen

Stammrosen sind trotz ihrer elitär wirkenden Form nichts Außergewöhnliches. Es sind Sorten der unterschiedlichsten Klassen, die nicht auf den Wurzelhals einer Unterlage veredelt werden, sondern auf einen als Stamm gezogenen Trieb, der unterschiedlich hoch sein kann. Auch auf Stamm veredelt bleibt eine Zwergrose eine Zwergrose und eine Kletterrose eine Kletterrose. Letztere werden unter den Begriffen Kaskadenrose, Hängerose oder Trauerrose angeboten.

Im naturnahen Garten mit ausreichend Platz sind auch solche Wildrosen (*Rosa canina*) zu finden.

Wildrosen

Unter Wildrosen versteht man die Rosenarten, die ohne Zutun des Menschen existieren. Sie sind in ihrem Aussehen und ihren Ansprüchen sehr vielfältig. In der gärtnerischen Praxis und im Garten haben sich bisher nur relativ wenige einen Platz erobert. Da Rosen leicht untereinander bastardieren, gehen die Ansichten über die Anzahl der Arten weit auseinander. Schätzungen bewegen sich zwischen hundert und zweihundert verschiedenen Arten.

Warum soll ich schneiden?

Bei kleineren Pflanzen mag es ja noch gehen, bei großen ist das Schneiden nicht die angenehmste Arbeit. Die Stacheln verhaken sich und kratzen, lange Triebe lassen sich schlecht aus dem Gewirr ziehen und geben dann plötzlich nach ... Wir wissen ja auch, dass es eine Reihe heimischer Rosen gibt, die wachsen, ohne je eine Schere oder Säge gesehen zu haben. Doch auch in der freien Natur wird die Rose gekürzt: Da frisst die Raupe an Blättern und Triebspitzen oder ein Reh genießt die weichen Spitzen, so dass sie nicht zum Blühen kommen; Triebe werden abgetreten und beschädigt oder gar die ganze Pflanze durch Feuer bis zum Boden vernichtet. Der Garten ist aber ein vom Menschen geschaffenes Werk und soll seinen Vorstellungen entsprechen, so unterschiedlich diese jeweils sein mögen. Das heißt für die Rose – welche auch immer –, dass sie sich nicht zum undurchdringlichen Gestrüpp entwickeln soll, in dem sich Krankheiten und Schädlinge wohl fühlen und wo totes Holz verrottet.

Im Gegenteil: Sie soll viele Blüten hervorbringen und einen gewissen ästhetischen Anspruch erfüllen, weswegen hier regulierend eingegriffen werden muss. Die Gartensorten haben zudem nicht mehr viel mit den natürlichen Arten am heimischen Standort gemeinsam. Selbstverständlich ist auch das andere Extrem nicht erstrebenswert. Der Schnitt der Rosen ist nötig, kann aber nicht Selbstzweck sein. „Den" Schnitt als solchen gibt es nicht, immer wird ein bestimmter Zweck verfolgt. Aus diesem Grunde ist er zu verschiedenen Zeitpunkten und in unterschiedlicher Weise nötig.

■ WANN SCHERE ODER SÄGE NÖTIG WERDEN:

- Wenn Sie Rosen pflanzen: Entfernen Sie beschädigte Triebe und Wurzeln, um der Pflanze das Anwachsen am neuen Standort zu erleichtern.
- Wenn Sie die Rose zur Neubildung von Trieben anregen wollen, um möglichst viele neue Blüten zu entwickeln. Überaltertes und totes Holz muss frischen, wüchsigen Neutrieben weichen.
- Wenn Sie dem Befall durch bestimmte Schädlinge und Krankheiten vorbeugen beziehungsweise eindämmen wollen.
- Wenn Sie die Blütezeit beeinflussen oder eine bestimmte Wuchsform erreichen wollen.
- Wenn die Pflanze ungleichmäßig wächst oder durch äußere Einflüsse wie Bruch oder Frost geschädigt wurde: Ein regulierender Schnitt führt zu einer ansprechenden Form und einer gesunden Pflanze.
- Wenn sich im Laufe der Vegetationsperiode so genannte Wildtriebe aus der Veredlungsunterlage entwickeln, müssen diese entfernt werden.
- Wenn Sie Blumen für die Vase gewinnen wollen.
- Wenn Sie zu wenig Platz im Garten haben.
- Wenn Sie einen Garten übernehmen, in dem lange keine Pflegearbeiten mehr durchgeführt wurden: Möglicherweise stehen darin Rosen, die seit Jahren keine Schere mehr gesehen haben und neu „erzogen" werden müssen.

Im Garten ist der korrigierende Eingriff mit der Schere nötig.

Über dem Blattansatz befindet sich das „schlafende Auge".

Wie reagiert die Pflanze?

Ein Eingriff mit Schere oder Säge löst immer bestimmte Reaktionen bei der Pflanze aus. Der Schnitt muss also bewusst und gezielt durchgeführt werden. Durch ihn werden bisher wirkende Gleichgewichte bei der Wasser- und Nährstoffversorgung in der Pflanze gestört, es wird ein neues Verhältnis Wurzelvolumen zu oberirdischer Triebzahl und Blattmasse geschaffen, das die Pflanze ausgleichen muss. Infolge wegfallender Triebteile stehen nun Knospenanlagen am Triebende, die bisher in der Mitte oder an der Basis des Triebes als so genannte „schlafende Augen" lagen.

Spitzenförderung

Die so genannte Spitzenförderung besagt, dass sich die Augen an der Triebspitze bevorzugt entwickeln. Die unterhalb liegenden Augen werden in der Entwicklung gehemmt oder ruhen. Dafür werden in der Spitze Hemmstoffe gebildet, die nach unten geleitet werden. Entfernt man die Triebspitze, werden die nun an der Spitze befindlichen Augen zum Austrieb angeregt werden. Meist erhalten nicht nur die jeweils obersten Augen diesen Impuls, sondern auch die direkt darunter liegenden Knospenanlagen. Bei der Anzucht der Rosen in der Baumschule entfernt man regelmäßig die Triebspitze, um kräftige Pflanzen mit möglichst vielen Trieben zu erhalten. Viele Sorten würden ohne dieses „Pinzieren" nur einen Trieb aus der Veredlungsstelle bis zur Blüte entwickeln. Je jünger der Trieb ist, desto schneller wird der Verlust der Triebspitze durch den Neuaustrieb der tiefer liegenden Augen ausgeglichen. Während der Vegetationsperiode wird der schnelle Austrieb der nach dem Schnitt oben stehenden Augen allerdings durch Hemmstoffe unterbunden. Sie werden in dem Blatt gebildet, in dessen Achsel sich das Auge befindet. Diese Verzögerung lässt sich aufheben, indem Sie das vollständige Blatt gleich nach dem Schnitt mit entfernen. Die Zeit bis zum Austrieb des Auges verkürzt sich dadurch. Sie müssen dabei aber beachten, dass Aktivierung und Neuaustrieb umso länger dauern, je weiter die ruhenden Augen von der Triebspitze entfernt liegen.

Lange oder kurze Triebe?

Ein weiterer Zusammenhang besteht zwischen der Stärke des Schnittes und der Länge des folgenden Austriebs. Wenn Sie die Pflanze bis auf wenige Augen stark zurückschneiden, entwickeln sich aus diesen Augen wenige lange Triebe. Schneiden Sie dagegen nur schwach zurück und lassen relativ lange Triebteile stehen, entstehen viele kürzere Triebe. Setzt man diese Kenntnis bewusst ein, können Wuchsunterschiede zwischen stark und schwach wachsenden Sorten vermindert, jedoch nicht völlig ausgeglichen werden. Sie können eine kleinere Menge langstieliger Rosen oder auch eine Vielzahl mit kurzen Stielen gewinnen. Unterschiedlich starke Triebe können durch den Schnitt ausgeglichen, also gefördert oder relativ gehemmt werden. Den typischen Wuchscharakter einer Sorte können Sie durch den Schnitt zwar nicht ändern, wohl aber unterstützen oder einschränken.

Wann soll ich schneiden?

Wann die Schere am besten in Aktion tritt, kann nicht mit dem Kalender bestimmt werden. Zum einen gelten für verschiedene Schnittmaßnahmen unterschiedliche Zeitpunkte, zum anderen bestimmen äußere Faktoren den optimalen Zeitpunkt. Was letztere betrifft, ist die Natur – glücklicherweise – sehr variabel.

Wichtig für die richtige Entscheidung ist die Tatsache, dass der Schnitt nicht das Ende, sondern mit seinen Reizen auf die Pflanze den Anfang einer beabsichtigten Entwicklung darstellt. So kann der Frühjahrsschnitt Anfang März, aber auch Mitte April sinnvoll sein. In jedem Fall sollte nach dem Schnitt nicht mehr mit größeren und stärkeren Frosteinbrüchen zu rechnen sein. Das ist auch der Grund, warum der bei „ordnungsliebenden" Gartenbesitzern oft beliebte Herbstschnitt bei Rosen so gefährlich ist. Warme Witterung im Anschluss daran regt die Rosen zum Neuaustrieb an. Der nächste Frosteinbruch hat bei den unausgereiften Trieben und Pflanzen in voller Aktivität dann verheerende Wirkung. Nicht die mangelnde Frosthärte der Pflanzen ist also der Grund für die Schäden, sondern die Schnittmaßnahme zum falschen Zeitpunkt (siehe auch Seite 70f.).

Pflegemaßnahmen wie das Entfernen von abgeblühten Blütenständen und Wildtrieben sollten Sie am besten fortlaufend durchführen. Rechtzeitiges Herausschneiden der alten Blütenstände fördert den schnellen Neuaustrieb.

Beseitigt man Wildtriebe frühzeitig durch Reißen oder Schneiden, verringert das die Wundengröße und lässt die Kräfte der Pflanze nicht unnötig in die falsche Richtung gehen. Für einmal blühende Sorten ist ein Schnitt nach der Blüte empfehlens-

Wirkung des Schnittes auf die Trieblänge: Nach kräftigem Rückschnitt entwickeln sich wenige lange Triebe, nach schwachem Schnitt eine größere Zahl kürzerer Triebe.

wert. Er schafft für die Blüte im nächsten Jahr und für neue Grundtriebe bessere Voraussetzungen. Bei voller Belaubung der Pflanzen ist das allerdings etwas schwierig, sodass er nur relativ selten durchgeführt wird.
Bei Schnittblumen müssen Sie den optimalen Zeitpunkt abpassen, zu dem sich die abgeschnittene Blume in der Vase voll entwickelt und möglichst lange hält. Darauf wird ab Seite 73ff. noch näher eingegangen.

Schnitt und Standort

Auch der Standort der Rosen beeinflusst den Schnitttermin und die Schnittform der Rosen. Entscheidend sind beispielsweise klimatische Unterschiede: Ein maritim beeinflusster Standort prägt das Wachstum anders als ein kontinentaler. Ein Standort am Bodensee bietet ganz andere Wuchsbedingungen als beispielsweise das Erzgebirgsvorland. An einem Standort, an dem die Rosen im Winter regelmäßig bis zum Boden zurückfrieren, erübrigen sich alle Überlegungen, wie man eine Pflanze über mehrere Jahre hinweg höher aufbaut. Eine Lage, in der im Februar der letzte größere Frost auftritt, ermöglicht andere Schnittmaßnahmen als eine, in der möglicherweise noch im April tiefster Winter herrscht.

Schon innerhalb des gleichen Gartens herrschen ebenfalls unterschiedliche Standortbedingungen. Die eine Pflanzung steht optimal frei, die andere muss sich gegen den Schattendruck benachbarter Gebäude oder Pflanzen behaupten. Letztere wird sicher weniger und dünnere Triebe entwickeln, die einen kräftigeren Rückschnitt erfordern, um ein stärkeres Wachstum zu erzielen. Bodenstruktur und -art bewirken ebenfalls gravierende Entwicklungsunterschiede bei der Rosenpflanze, je nachdem, ob sie auf einem humosen, durchlässigen, nährstoffreichen Boden oder einem eher kargen Sandboden steht. Der Standort spielt auch für den Verwendungszweck der Pflanze eine Rolle. Eine Kletterrose an der Hauswand erfordert eher eine ordnende Hand als eine am Baum emporkletternde Rose, und das nicht nur, weil man dieser dort schwieriger folgen kann.

Schließlich beeinflussen die Standortbedingungen noch das Auftreten von Krankheiten und Schädlingen. Hier können Sie durch geeignete Schnittmaßnahmen Abhilfe schaffen, indem Sie kränkelnde Pflanzenteile rechtzeitig entfernen und damit eine weitere Ausbreitung verhindern (siehe Seite 65f.).

Schnitt und Düngung

Was, so mögen Sie sich fragen, soll nun auch noch die Düngung mit dem Schnitt zu tun haben? Sie sollten sich immer vor Augen halten, dass die Natur viel komplexer funktioniert als nach einem einfachen Ja-Nein-Prinzip. Viele Faktoren wirken zusammen, überlagern sich, fördern oder hemmen einander. Einer dieser Faktoren ist die Düngung beziehungsweise das Nährstoffangebot für die Pflanze. Nach einer Schnittmaßnahme erwarten wir, dass die Pflanze zügig kräftige neue Triebe entwickelt. Dazu benötigt sie ein entsprechendes Nährstoffangebot. Der Rosenfreund rechnet mit einen schnellen Austrieb, sobald er die Rose frisch gepflanzt hat, doch bei der Pflanze ist das zu diesem Zeitpunkt noch gar nicht aktuell. Erst sollen sich Wurzeln bilden, die dann den kräftigen Austrieb versorgen können. Bei guter Bodenvorbereitung ist eine Düngung also nicht nötig. Sie ist sogar eher hinderlich, weil sich dadurch der Salzgehalt im Boden erhöht und so die Wasseraufnahme für die Pflanze erschwert wird. Abgesehen davon kann die Pflanze mit dem erhöhten Nährstoffangebot gar nichts anfangen, da die oberirdischen Teile noch nicht so weit entwickelt sind, als dass sie größere

Etwa 5 mm über dem Auge, leicht ab-
fallend ist die richtige Schnittführung
bei Rosen.

Ein **Nährstoffmangel** bewirkt, dass
sich nur dünne und wenige Triebe mit
dürftiger Blüte entwickeln. Aus einem
solchen schwachen Grundgerüst lassen sich keine starken Pflanzen aufbauen. Der Schnitt muss immer wieder weit zurückgehen, damit überhaupt einige kräftige Triebe entstehen
können.

Wo soll ich schneiden?

Die Rose fordert eine etwas andere
Behandlung als bei Gehölzen üblich:
Für sie gilt nämlich nicht, dass man
den Schnitt unmittelbar über dem
Auge ausführen sollte. Wenn ein
Rosentrieb geschnitten wird, trocknen
ab der Schnittstelle etwa 2 bis 3 mm
des Triebstückes ein. Sitzt das Auge
nun unmittelbar an der Schnittstelle,
treibt es entweder gar nicht aus oder
es entsteht nur ein schwacher Austrieb ohne jegliche Überlebenschance.
Keinesfalls entwickelt sich aus ihm
der starke Trieb, den man mit dem
Rückschnitt beabsichtigt hat.
Die richtige Schnitthöhe beträgt deshalb etwa 5 mm über dem gewünschten Auge. Ein größerer Abstand ist
ungünstig, weil der Trieb dann umso
stärker zurücktrocknet. Abgesehen
von einem unschönen Erscheinungsbild vergrößern sich dadurch die Ein-
gangspforten für Krankheiten unnötig.
Die Schnittrichtung führt immer vom
Auge weg. Das heißt, man schneidet
leicht schräg, wobei der tiefste Punkt
dem Auge gegenüberliegt.

Nährstoffmengen brauchen.
Bei eingewurzelten Pflanzen dagegen
ist nach dem Frühjahrsrückschnitt
eine Nährstoffgabe von Vorteil, aber
ebenfalls immer entsprechend der
Pflanzengröße.
Ein **Nährstoffüberangebot** – insbesondere von Stickstoff – birgt die
Gefahr, dass zu mastige Triebe entstehen. Diese reifen möglicherweise
nicht aus, sind dann für bestimmte
Krankheiten anfälliger und machen
damit wieder zusätzliche Schnittmaßnahmen zur Krankheitsbekämpfung
erforderlich.

Bei älterem Holz ist es manchmal gar nicht so leicht, das Auge zu finden, denn diese ruhenden Augen sind oft kaum erkennbar. Zuweilen kann es hilfreich sein, die Narbe einer ehemaligen Blattansatzstelle zu suchen, die als kleiner dunkler Querstrich am Trieb auftritt. Unmittelbar darüber befindet sich dann auch das gesuchte Auge. Wenn wirklich kein Auge auszumachen ist, bleibt nur der beherzte Schnitt an der gewünschten Stelle. Eventuell wird bei Bedarf später nachgeschnitten, wenn ein entsprechendes Auge ausgetrieben hat.

Das ideale Werkzeug

Brauchbares, gutes Werkzeug ist sowohl für die Pflanze als auch für den Gärtner wichtig. Wer über längere Zeit und an kräftigen Trieben Schnittarbeiten durchführt, merkt sehr schnell an seinen Händen, ob und wie gut das Werkzeug ist. Das zeigt sich an der unmittelbar aufzuwendenden Kraft, an der Lage in der Hand und der Belastung der Sehnen. Spätestens bei den ersten Blasen an den Händen stellt sich die Frage, ob nicht ein etwas teureres Gerät auf Dauer besser ist.

Rosenholz ist in der Jugend sehr markhaltig und damit sehr druckempfindlich. Der Holzanteil ist anfangs relativ gering. Später nimmt der Markanteil ab und die Triebstärke kann – besonders bei Strauch- und Kletterrosen – beeindruckende Dimensionen annehmen. Dann ist das Holz sehr hart und erfordert beim Schneiden erheblichen Kraftaufwand.

In jedem Fall ist es wichtig, scharfes und gut eingestelltes Werkzeug einzusetzen. Stumpfe Scheren verursachen unnötige Quetschungen und unsaubere Schnitte. Im Extremfall reißt sogar die Rinde aus. Läuft die Schneide mit einem Zwischenraum, verklemmt sich das Werkzeug, der Schnitt leidet, die aufzuwendende Kraft erhöht sich und die Klinge kann sogar ausbrechen – vor allem bei Billigprodukten. Ein guter Schliff ist wesentlich für eine einwandfreie Schnittführung. Beim Nachschleifen müssen Sie beachten, dass Sie die Klinge nur einseitig anschleifen – das entspricht dem Lieferzustand der meisten neuen Scheren. Ein gutes Werkzeug erkennen Sie auch daran, dass die Schärfe bei fachgerechtem Einsatz über lange Zeit erhalten bleibt.

Starken, alten Trieben ist mit der Schere oft nicht mehr beizukommen. Hier kommen eine Astschere oder bei ganz starken Trieben die Säge zum Einsatz. Mit einer herkömmlichen Baumsäge ist in den eng stehenden Trieben kaum zu hantieren. Sehr gut lassen sich hier die relativ kleinen Klappsägen einsetzen, die handlich sind und mit denen es sich hervorragend schneiden lässt.

Rosen pflanzen

LEICHT GEMACHT

Mit der Pflanzung legen Sie den Grundstein für die weitere Entwicklung der Pflanze, ihre Gesundheit, Wüchsigkeit und Schönheit. Neben dem fachgerechten Pflanzen einschließlich des Pflanzschnittes spielt auch die Standort- und Sortenwahl eine Rolle, die Sie von vornherein mit bedenken sollten.

Der optimale Rosenstandort

Rosen stellen einige Ansprüche an den Standort. Das bringt ihnen nicht selten den Ruf ein, „verwöhnt" zu sein, insbesondere dann, wenn durch falsche Standort- und Sortenwahl Misserfolge auftreten.

Es gibt jedoch kaum einen Standort, für den sich nicht auch eine Rose finden lässt, die unter den dortigen Bedingungen wachsen kann. Denken wir nur an die Bestände der Kartoffelrose (*Rosa rugosa*) auf den Sanddünen an Nord- und Ostsee. Diese Rose verträgt sowohl den nährstoffarmen, trockenen Standort als auch die Salzluft und gelegentliche Sandstürme. Manche Wildrosenarten leben auf extrem der Sonne ausgesetzten, trockenen Hanglagen; andere, wie die Feldrose (*Rosa arvensis*), gedeihen problemlos auch im Halbschatten. Die Ansprüche der kultivierten Rosensorten liegen allerdings relativ eng beieinander, für ihr gutes Gedeihen müssen einige Voraussetzungen erfüllt sein.

Auf einen Blick: Der richtige Boden
• **Der Boden sollte tiefgründig und nicht verdichtet sein.**
Rosen sind Tiefwurzler; die Wurzeln dringen oft weit über 1 m tief vor. Das bringt bei der Pflege einerseits den Vorteil, dass eingewurzelte Pflanzen auch von einer langeren Trockenperiode kaum ernsthaft gefährdet sind. Anderseits bedeutet es, dass vor einer Pflanzung optimale Bodenbedingungen auch in tieferen Schichten geschaffen werden sollten.

• **Der Boden muss nährstoffreich, humos und gut durchlüftet sein.**
Bei leichten Böden erreichen Sie dies durch Gaben von Kompost oder Rindenhumus, bei extrem schweren Böden zum Beispiel durch die Beimischung von Sand.

• **Der Säuregehalt des Bodens sollte im schwach sauren Bereich liegen.**
Optimal für Rosen sind Werte zwischen pH 5,5 bis 6,5. Werte über pH 7 sind ungeeignet. In solchen Fällen können Sie den pH-Wert aber durch die Zugabe von Torf absenken. Bei sehr sauren Böden ist eine rechtzeitige Kalkgabe zur Regulierung nötig.

• **Am vorgesehenen Standort dürfen nicht vorher schon Rosen gestanden haben.**
Die so genannte Bodenmüdigkeit führt dazu, dass Neupflanzungen am gleichen Standort nur spärlichen Zuwachs haben. Wenn es sich aber nicht vermeiden lässt, den gleichen Standort zu nutzen, wechseln Sie dazu vor der Neupflanzung die gesamte Erde bis in eine Tiefe von mindestens 50 cm.

Auf einen Blick: Licht und Luft
• **Rosen sind Sonnenkinder.**
Ganztägig volle Sonne, womöglich noch mit intensiver Rückstrahlung wie beispielsweise vor einer nach Süden gerichteten Hauswand, ist jedoch keineswegs ideal. Dort erreicht nicht nur die Temperatur Extremwer-

te, sondern auch die Luftfeuchtigkeit sinkt stark ab. Diese beiden Faktoren begünstigen eine Reihe von Krankheiten und Schädlingen, gegen die man schwer ankommt.

• **Die nähere Umgebung der Rosenpflanzung sollte entsiegelt sein.** Günstig sind Rasenflächen oder benachbarte Staudenpflanzungen, da sie für ein ausgeglichenes Kleinklima sorgen.

• **Der Rosenstandort sollte immer eine leichte Luftbewegung zulassen.** Die Luftbewegung senkt Extremwerte bei Temperatur und Feuchtigkeit. Laub, das lange nicht abtrocknen kann, ist zum Beispiel ein beliebter Nährboden für Pilzkrankheiten.

Abstand wahren!

Bedenken Sie, dass Rosen Stacheln haben und nach der Pflanzung sowohl in die Höhe als auch in die Breite wachsen. Bei engen Standorten an Wegen und Durchgängen können Haut und Kleidung im Vorbeigehen darunter leiden. Kalkulieren Sie bereits bei der Planung den notwendigen Sicherheitsabstand mit ein.

Die Qual der Sortenwahl

Die Wahl der richtigen Sorte scheint angesichts des umfangreichen Angebots eine schier unlösbare Aufgabe für den Einsteiger zu sein. In Deutschland kann er aus einem Rosensortiment von mehr als 3 000 verschiedenen Sorten wählen.

Während der letzten rund 200 Jahre seit Beginn der Züchtung hat das Gesamtsortiment eine Größenordnung von etwa 40 000 Sorten erreicht!

Die perfekte Rose?

Billigangebote suggerieren, ein besonderes Schnäppchen zu machen, und der Laie fragt sich, warum andere Rosen ein Mehrfaches kosten sollen. Es flattern Prospekte und Kataloge ins Haus, die auf Hochglanzbildern effektvolle Sensationen versprechen, bei denen jede Sorte die schönste, am reichsten blühende und gesündeste sein soll. Hinweise seriöser Anbieter auf die Regenempfindlichkeit oder Krankheitsanfälligkeit einer Sorte bleiben daneben weitgehend unbeachtet. Aber ebensowenig wie es einen fehlerlosen Menschen gibt, existiert die perfekte Rose. Noch dazu könnte eine solche nicht für alle Gelegenheiten gleichzeitig dienen, da die Anforderungen viel zu unterschiedlich sind. Ansonsten hätte auch die Sortenvielfalt keinen Sinn. Ein Angebot, das auf die Schwächen einer Sorte hinweist, ist viel ehrlicher und realistischer. Nur so ist es möglich, zielgerichtet eine Auswahl für konkrete Anforderungen zu treffen. Für eine besondere Blüte, einen besonderen Duft oder eine ausgefallene Wuchsform kann man an anderer Stelle schon einen kleinen Nachteil in Kauf nehmen. Rosenzüchter haben sich verstärkt den Eigenschaften zugewandt, die nicht beim ersten Blick sofort ins Auge springen. Neuere Sorten haben

Die „Königin der Blumen" soll billig sein? Jahrelange Freude – hier ein schönes Exemplar der Kletterrose 'Rosarium Uetersen' (W. Kordes' Söhne 1977) – kann man nicht in Geld messen.

meist unvergleichliche Vorteile in Bezug auf Gesundheit, Robustheit und Reichblütigkeit. Der dafur im Vorfeld betriebene Aufwand bei der Züchtung ist allerdings sowohl finanziell als auch zeitlich enorm. So sollte es eigentlich nicht verwundern, wenn sich das im Preis niederschlägt.

Ein Blick über Nachbars Gartenzaun

Wollen Sie sich informieren, riskieren Sie am besten einen Blick über den Zaun benachbarter Gärten oder sehen sich in öffentlichen Anlagen um. Hilfreich ist das natürlich nur, wenn dort die Sorten mit Etiketten ausgezeichnet sind oder jemand Auskunft erteilen kann. Bei diesem Tipp ist jedoch ein „Aber" anzuhängen. Eine einmalige Besichtigung sagt nicht viel über die Sorten aus. Jede Sorte besitzt zu einem anderen Zeitpunkt ein optimales Erscheinungsbild. Eine in der Küstenregion hervorragend gedeihende Sorte muss sich unter kontinentalen Bedingungen noch lange nicht ebenso bewähren. Es hat schon seinen Grund, weshalb Fachleute sich erst nach mehrjähriger Beobachtung ein endgültiges Urteil über eine Sorte erlauben.

In der Regel sind Sie gut damit beraten, sich in den regionalen Baumschulen auf die Empfehlung der Fachleute zu verlassen, da dort die meisten Erfahrungen für den jeweiligen Standort vorliegen. Dabei lässt sich nicht leugnen, dass jedes Urteil subjektiv ist, denn Schönheit und Freude sind nicht in Meter und Gramm zu messen.

Mit Rosen gestalten

Es ist immer günstig, mehrere Rosen einer Sorte zusammen zu pflanzen, mindestens drei, besser fünf Pflanzen. Durch die Bildung von Gruppen erhöht sich die Farbwirkung. Eine einzelne Pflanze hat wenig gestalteri-

sche Wirkung und gefällt vorrangig dem Sammler. Eine Ausnahme bilden die aufgrund ihrer Größe auffälligen Kletterrosen.

Die farbliche Zusammenstellung ist weitgehend Ihrem persönlichen Geschmack überlassen. Die Rosen bieten fast jede Kombinationsmöglichkeit. Lediglich für bestimmte Rottöne gilt folgende Ausnahme: Sorten mit einem zu Blau tendierendem Rot vertragen sich optisch nicht mit den Sorten, deren Rot in den ziegelroten Farbbereich geht. Viel zu wenig wer-

Die Beetrose 'Edelweiß' (Poulsen 1969) auf Stamm steht im wirkungsvollen Kontrast zur roten Beetrose, die einen Teil des nackten Stammes verdeckt.

den bei der Farbkombination weiß blühende Sorten gezielt eingesetzt. Sie mildern starke Farbkontraste in unmittelbarer Nachbarschaft, können aber auch die Leuchtkraft der benachbarten Farben erhöhen.

Je nach Verwendungszweck können Sie Ihre Rosen aus den verschiedenen Klassen auswählen. Die typischen Merkmale werden auf den Seiten 12ff. erläutert.

Vielfalt im Angebot

Nach traditionellem Verfahren werden Gehölze – und damit auch Rosen – nur während weniger Wochen im Jahr im völligen Ruhezustand angeboten. In den letzten Jahren hat der Handel die Angebotsformen erweitert, damit der Kunde das ganze Jahr über pflanzen kann.

Im Grunde lassen sich die Angebotsformen für Rosen in drei Kategorien einteilen:

• wurzelnackte Rosen
• wurzelverpackte Rosen
• Rosen im Container

Das Angebot wurzelnackter Rosen entspricht der traditionellen Form der Baumschulware. Die Pflanze wird so verkauft, wie sie aus der Erde kommt, bis sie am neuen Standort wieder eingepflanzt wird. Dies ist seit Beginn der Massenvermehrung von Rosen nach 1850 praktisch die einzige Vorgehensweise gewesen. Vom Preis her ist es die billigste Angebotsform. Sie setzt voraus, dass eine sehr gut ausgereifte Pflanze im Ruhezustand gehandelt wird, also entweder im Spätherbst ab Ende Oktober/Anfang November oder im zeitigen Frühjahr zwischen März und Mitte April. In dieser Zeit ist die Rose gegen Austrocknen und die zu befürchtenden Schäden am unempfindlichsten. Notwendig ist allerdings eine fachgerechte Pflege der Pflanzen bei der Lagerung, wie sie nur im Fachbetrieb oder der Baumschule gewährleistet werden kann. Die Rosen müssen kühl gehalten werden, ohne jedoch Frost ausgesetzt zu sein. Sie dürfen nie austrocknen und keine Zugluft abbekommen. Mehrere Umstände machten die Suche nach neuen Angebotsformen notwendig:

• Neue Vermarktungswege wie Baumärkte oder Lebensmittel-Discounter haben ebenfalls Pflanzen in ihrem Verkaufssortiment;
• viele Menschen haben nur noch wenig Verbindung zur Natur und wollen trotzdem im Garten ohne großen Aufwand und genaue Kenntnisse Erfolg sehen;
• die Menschen sind nicht mehr bereit, sich an den natürlichen Rhythmus der Pflanzen zu halten, sondern wollen gemäß ihrer eigenen Zeitplanung pflanzen.

Profis machen 's möglich

Da heute die Ware für die Herbstpflanzung schon im September gefordert wird, müssen die Pflanzen oft schon im August aus der Erde genommen werden. Sie befinden sich dann aber im vollen Wachstum und im zweiten Blütenflor und sind weder ausgereift noch abgehärtet. Da funk-

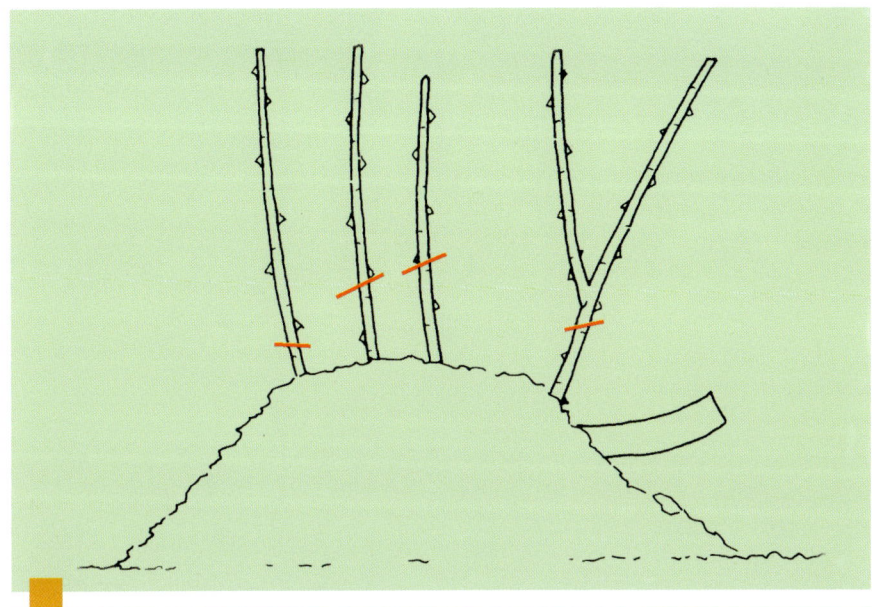

Anhäufeln sichert das Anwachsen; die Triebe werden auch bei Herbstpflanzung immer erst im Frühjahr geschnitten.

Grundstein für die spätere Entwicklung der Rosenpflanze gelegt wird. Für Stammrosen gelten die gleichen Regeln wie für die darauf veredelte Sorte aus der jeweiligen Rosenklasse, aber mit der Tendenz zur unteren angegebenen Zahl.

An- und Abhäufeln

Gleichgültig, ob Herbst- oder Frühjahrspflanzung, häufeln Sie die Pflanze anschließend etwa 20 cm hoch an. Diese Maßnahme reduziert die Verdunstung und erleichtert das Anwachsen. Nach einer Pflanzung im Herbst häufeln Sie erst im kommenden Frühjahr ab, wenn keine strengen Fröste mehr zu erwarten sind. Bei der Frühjahrspflanzung geschieht dies nach zwei bis drei Wochen, möglichst immer an einem trüben Tag, um der Pflanze die Umstellung zu erleichtern.

zurück, damit wenige Augen verbleiben, die dann umso kräftiger austreiben und längere Stiele bilden. Nur aus kräftigen Trieben können sich starke Neutriebe entwickeln. Der Rückschnitt erfolgt auf etwa drei bis fünf Augen. Die Triebe einer Pflanze werden weitgehend auf gleiche Höhe geschnitten, um die so genannte Saftwaage einzuhalten.

Wenn Sie einzelne Triebe wesentlich länger stehen lassen, werden diese verstärkt im Wachstum gefördert, die kürzeren bleiben dagegen zurück. Sorten, die von sich aus sehr stark wachsen und besonders kräftige Triebe bilden, können etwas behutsamer geschnitten werden, eher schwachwüchsige Sorten werden kräftiger zurückgeschnitten.

Sehr starkwüchsige Sorten wie etwa die bekannte 'Gloria Dei' lassen sich bei entsprechenden Platzverhältnissen auch höher aufbauen, indem Sie die Triebe auf maximal 30 bis 40 cm zurückschneiden. Sie entwickeln sich dann fast so hoch wie Strauchrosen. Für den privaten Rosenliebhaber, der nur einige wenige Pflanzen zu schneiden hat, ist es sicher kein Problem, bei jedem Trieb die Augen zu suchen und entsprechend exakt zu schneiden. Bei einer größeren Pflanzenzahl ist das nicht mehr zu leisten. Es ist aber auch nicht nötig, jeweils die Augen zu zählen. Zu Beginn der Schnittarbeiten können Sie die richtige Trieblänge anhand der Augenzahl herausfinden, um dann nach Augenmaß weiter zu arbeiten. Kürzen Sie

Schnitt der Edelrosen

die verbleibenden Triebe auf etwa 10 bis 15 cm ein.

Wählen Sie ein kräftiges, nach außen weisendes Auge als oberstes aus. Wenn eine ausgesprochen sparrig wachsende Sorte nicht noch ausla-

DAS INNERE GLEICHGEWICHT – DIE SAFTWAAGE

Der Saftstrom, der die Pflanze mit Wasser und Nährstoffen versorgt, wandert mit Vorliebe in die längsten Triebe an den höchsten Stellen. Sind nun alle Triebe auf etwa die gleiche Höhe geschnitten, verteilt er sich gleichmäßig, er hält sich in der Waage.

'Friesia' (W. Kordes' Söhne 1973) ist eine der wenigen Beetrosen mit kräftigem Duft.

dender werden soll, können Sie von dieser Regel abweichen, ohne dass Sie dadurch jedoch die charakteristische Wuchsform ändern können.

Beetrosen schneiden

Im Gegensatz zu den Edelrosen sollen Beetrosen einen dichten Wuchs und viele Triebe mit Blüten entwickeln, damit sie bei einer flächendeckenden Beetbepflanzung ihre Wirkung nicht verfehlen. Dabei ist das Spektrum der Wuchseigenschaften bei Beetrosen sehr breit. Es bewegt sich von relativ wenigen, starken Trieben – ähnlich wie bei den Edelrosen – bis hin zu zahlreichen feinen, womöglich noch stark verzweigten Trieben.
Beetrosen schneiden Sie jährlich stark zurück, allerdings sollten Sie sie etwas länger lassen als die Edelrosen. Die Schnitthöhe liegt bei stärkeren Trieben zwischen vier und sechs Augen, bei schwächeren Trieben halten Sie sich eher an die untere Grenze, also drei bis vier Augen.
Daraus ergibt sich nach dem Schnitt eine Trieblänge von etwa 15 bis 25 cm, aus der relativ niedrige, buschige Pflanzen hervorgehen.
Als weitere Möglichkeit können Sie Beetrosen auch höher aufbauen, sofern der Winter entsprechend lange Triebe übrig gelassen hat. Für einen höheren Aufbau schneiden Sie die Triebe auf sechs bis acht Augen. Kräftige, lange Triebe können Sie auch nur um etwa ein Drittel ihrer Länge

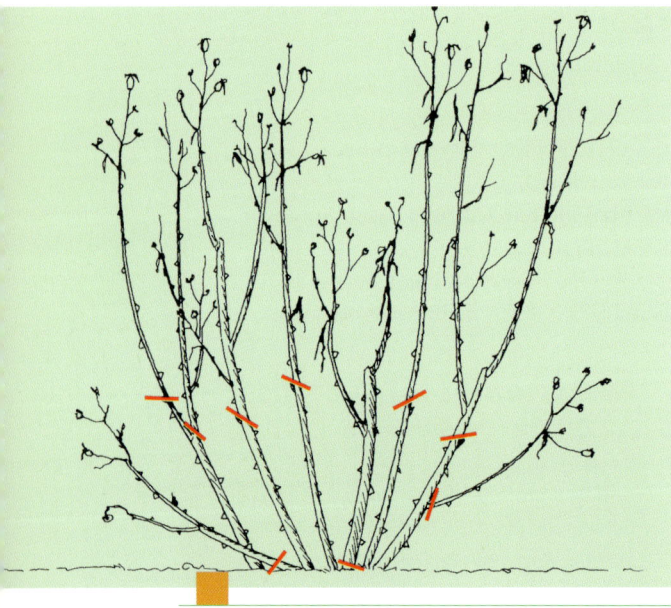

Schnitt der Beetrosen

zurücknehmen. Dadurch sichern Sie, dass der Austrieb aus voll entwickelten, kräftigen Augen erfolgt. Allerdings brauchen Sie für solche Absichten ausreichend Platz im Garten, denn auf diese Weise entstehen große Büsche, die sich bei einigen Sorten wie Strauchrosen ausbreiten. Durch den hohen Pflanzenaufbau wird das Erscheinungsbild einiger Sorten lockerer und die Triebspitzen wachsen bogig-überhängend. Für experimentierfreudige Rosengärtner bietet sich ein unerschöpfliches Feld des Ausprobierens mit vielen Überraschungen für das Gartenbild. Viele Beetrosensorten verkahlen allerdings im Laufe der Zeit von unten her, so dass ab und zu wieder ein radikaler Rückschnitt auf die übliche Höhe nötig wird. Damit wird die Rose veranlasst, an der Basis kräftige Neutriebe zu entwickeln und sich zu verjüngen.

Strauchrosen schneiden

Bei den Beetrosen deutete sich schon an, dass die Übergänge zu den Strauchrosen – insbesondere bei stärker wachsenden Sorten – fließend sein können. Die Sortenvielfalt hält sich eben nicht an strenge Klassifizierungen; alle Einteilungsregeln dienen lediglich als Hilfestellung zur leichteren Handhabung. Sie stellen immer nur eine Vereinfachung dar und können nie die Vielfalt der Natur erfassen. Die Strauchrosen bieten eine fast unübersehbare Zahl an verschiedenen

Die Strauchrose 'Ferdy' (Keisei 1984) ist einmal blühend, dann aber stehen Blütenmassen wie Perlen am Trieb.

Wuchsformen, Blütengrößen, -formen und -farben. Wichtig für den Rückschnitt ist vor allem die Unterscheidung zwischen Sorten mit nur einer Hauptblütezeit und denen mit wiederholter Blüte während des Gartenjahres. Wird dieser Unterschied nicht beachtet, kann ein falscher Schnitt für die Blüte gravierende Folgen haben.

Einmal blühende Strauchrosen
Kennzeichnend für die einmal blühenden Strauchrosen ist, dass die Pflanzen im ersten Jahr immer nur Langtriebe ohne Blüten entwickeln. Erst im Folgejahr entstehen an diesen Trieben Kurztriebe, an deren Enden dann die Blüten stehen. Die größte Blütenfülle wird am so genannten zweijährigen Holz erreicht, später geht die Blütenbildung zurück. Immer

Schnitt einmal blühender Strauchrosen

der Strauch verjüngt werden soll. Zu diesen Zwecken müssen Sie in altes Holz in Bodennähe schneiden. Das ist in der Regel sehr starkes Holz, das nicht mehr mit der Schere zu bewältigen ist. Hier muss dann die Säge in Aktion treten. Bodennahe neue Triebe sind zu schonen, denn sie sollen den Busch verjüngen und liefern die Grundlage für neuen Blütenreichtum. Die Kurztriebe des vergangenen Jahres nehmen Sie auf zwei bis drei Augen zurück; so bilden sie wieder neue Blüten. Wird dieser Schnitt unmittelbar nach der Blüte durchgeführt, kann es auch zu einem schwachen Nachblühen im gleichen Jahr kommen.

Öfter blühende Strauchrosen

Bei den öfter blühenden Strauchrosen laufen Sie keine Gefahr, sich durch den Schnitt um die gesamte Blüte des Jahres zu bringen. Die Blüten sitzen am Ende der Langtriebe und an deren Seitentrieben. Trotzdem ist auch hier ein behutsamer Schnitt angebracht. Besonders schöne Pflanzen entwickeln sich nur über mehrere Jahre bei entsprechendem Aufbau. Wenn also nicht gerade ein extrem strenger Winter mit viel Frost hereinbricht, nehmen Sie in mehrjährigen Abständen altes Holz am Boden heraus, um frischen Bodentrieben immer wieder die Möglichkeit zur Verjüngung des Strauches zu geben. Um die Pflanzen noch buschiger zu erhalten, kürzen Sie die Spitzen der Haupttriebe um ein Drittel ihrer Länge ein, damit der

wieder geschieht es Anfängern, die eine solche Sorte pflanzen, dass sie nach dem ausbleibenden Blüherfolg im ersten Jahr schließen, im folgenden Frühjahr sei ein kräftiger Rückschnitt für eine reiche Blüte erforderlich. Aber genau damit schneiden sie die Voraussetzungen für die Blüte weg! Normalerweise braucht die Schere bei einmal blühenden Strauchrosen nicht über die allgemeinen, bereits genannten Schnittarbeiten hinaus eingesetzt werden: Krankes, abgestorbenes oder beschädigtes, eventuell sich reibendes und kreuzendes Holz entfernen Sie, alles andere kann sich frei entwickeln. So entsteht die natürliche Wuchsform, die kaum korrigiert werden muss. Erst an älteren Pflanzen wird im mehrjährigen Abstand ein Eingriff nötig, wenn überaltertes Holz beseitigt werden oder

Trieb und die entsprechenden Augen stark genug für einen kräftigen Neutrieb sind. Für die Nebentriebe aus älteren Haupttrieben oder schwächere Triebe gilt: Hier können Sie stärker einkürzen und bis zu zwei Drittel der Länge entfernen. Bei Sorten, die sehr stark zum Verkahlen an der Basis neigen oder auseinander zu fallen drohen, müssen Sie gegebenenfalls etwas stärker schneiden. Bei verkahlenden Sorten kann man durch Einkürzen neuer Triebe versuchen, wieder belaubte untere Triebe zu erhalten. Nicht bei allen Sorten hat dieser Versuch Erfolg.

Schnitt öfter blühender Strauchrosen

Das Kupferorange der Strauchrose 'Westerland' (W. Kordes' Söhne 1969) leuchtet unverkennbar aus jeder Pflanzung.

Kletterrosen schneiden

Noch mehr als bei den Strauchrosen stehen bei den Kletterrosen möglichst lange Triebe und hoher Wuchs im Vordergrund. Damit die Pflanze auch höhere horizontale Flächen spielend bewachsen kann und uns dabei noch mit einer reichen Blüte erfreut, ist der anfängliche Pflanzenaufbau ganz besonders wichtig. Deshalb leitet man die entstehenden Langtriebe in die Breite und fixiert sie am Haltegerüst. Werden die Triebe nur senkrecht nach oben gezogen, bilden sich die Blüten auch in den Folgejahren weitgehend immer nur an der Spitze. Je waagrechter der Trieb wächst, desto geringer wächst die Triebspitze und desto stärker werden die Seitentriebe gefördert. An diesen entwickeln sich dann

Anfangs schräg seitlich geleitete Triebe garantieren, dass die einmal blühende Kletterrose 'Bobby James' (Sunningdale Nurseries 1961) große Flächen bedeckt.

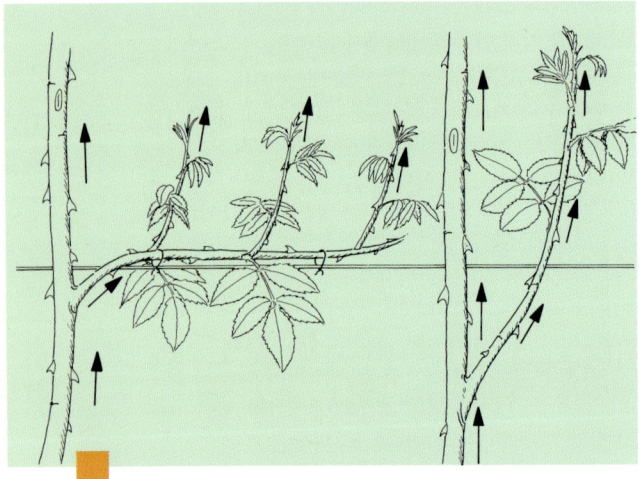

Waagerecht geleitete Triebe fördern den Austrieb vieler Seitentriebe, senkrechte Triebe verzweigen sich weniger stark.

wiederum die Blüten. Wenn der Trieb im Extremfall bogenförmig wieder nach unten geleitet wird, fördert das die Triebentstehung am Scheitelpunkt des Bogens und hemmt gleichzeitig die nun tiefer liegende Spitze.

Lässt man Kletterrosen ohne Gerüst frei wachsen, so bilden sich imposante Büsche. Ihre Triebe senken sich ab, es entwickeln sich neue Triebe, die die alten überdecken, sodass riesige Blütenkugeln entstehen können.

Wie bei den Strauchrosen ist bei den Kletterrosen zwischen einmal und öfter blühenden Sorten zu unterscheiden. Sehr starkwüchsige Sorten findet man immer unter den einmal blühenden Sorten. Das liegt daran, dass die neuen Triebe ohne Blütenbildung die ganze Vegetationsperiode lang wachsen können. Die öfter blühenden Rosen dagegen müssen ihr Wachstum rechtzeitig einstellen, um noch im gleichen Jahr die Blüte an der Spitze der Langtriebe hervorbringen zu können.

Einmal blühende Kletterrosen

Die Langtriebe der einmal blühenden Kletterrosen blühen noch nicht. Erst die daraus im Folgejahr entstehenden Seitentriebe bilden Blüten. Dementsprechend müssen die Langtriebe in jedem Fall erhalten werden. Schneiden Sie einmal blühende Kletterrosen deshalb sehr zurückhaltend. Entfernen Sie nur altes Holz, das in seiner Blühleistung nachlässt, möglichst bis zur Basis oder bis zu einem bodennahen neuen Langtrieb. Ansonsten nehmen Sie nur dünnes Holz heraus und kürzen Seitentriebe bei sehr dichtem Stand auf drei bis vier Augen ein, um einen reichen Blütenansatz zu fördern. Für diese Maßnahmen gilt als günstigster Zeitpunkt die Zeit nach der Blüte, damit sich noch genügend kräftige Neutriebe für das Folgejahr entwickeln können. Diese Empfehlung wird in der Praxis jedoch kaum beherzigt. Sie ist zwar pflanzenphysiologisch begründet, aber nur schwierig durchzuführen. Die Pflanze ist zu diesem Zeitpunkt vollständig belaubt, die einzelnen Triebe sind oft nur schwer auszumachen, sodass man schlecht abschätzen kann, was bei einem Schnitt am Pflanzengrund alles mit entfernt wird. Diese Teile dann aus der Pflanze herauszuziehen, ist selbst bei stückweisem Entfernen kaum ohne Beschädigungen des Laubes möglich. Aus diesen Gründen bleibt es auch bei einmal blühenden Kletterrosen in der Regel beim Frühjahrsschnitt, da dann die Pflanze und die Folgen des Schnittes leichter zu übersehen sind.

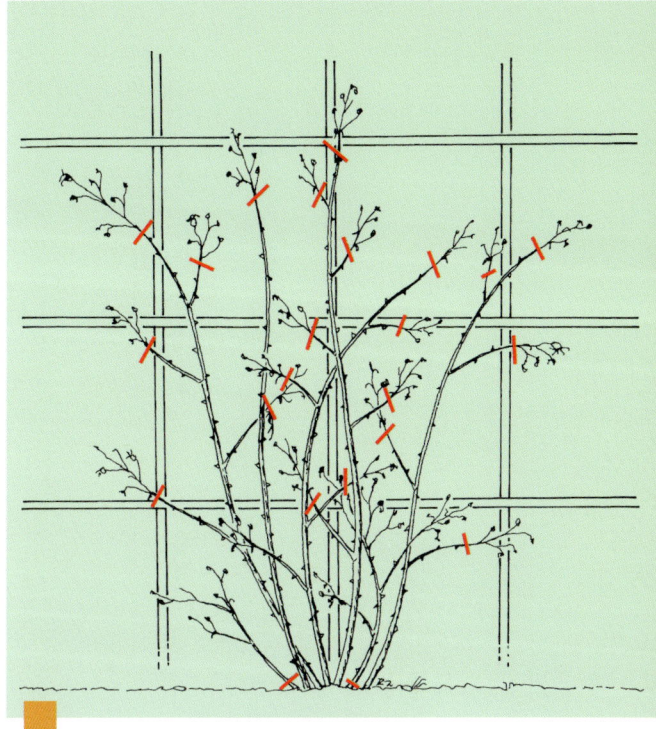

Schnitt einmal blühender Kletterrosen

Öfter blühende Kletterrosen
Öfter blühende Kletterrosensorten blühen am Ende der Langtriebe im Jahr des Entstehens und danach zusätzlich an Seitenzweigen des älte-

Einmal blühende Kletterrosen entschädigen in den Wochen ihrer Blüte durch ihren überreichen Flor, hier die Sorte 'Flammentanz' (W. Kordes' Söhne 1955)

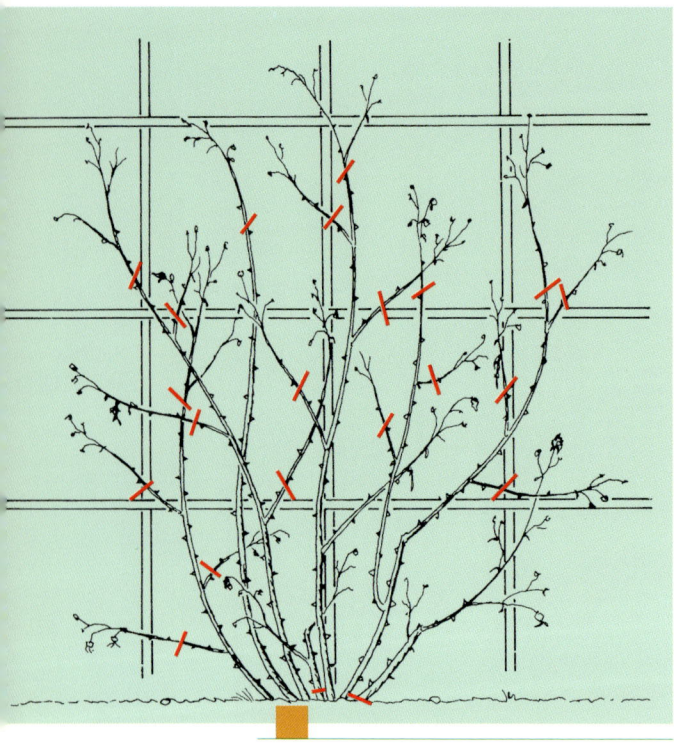

Schnitt öfter blühender Kletterrosen

Die nach wie vor bekannte und beliebte 'New Dawn' (Somerset Nursery 1930) war die erste öfter blühende Kletterrose.

ren Holzes. Somit können die Triebe nicht während einer Vegetationsperiode eine solche Länge wie die Triebe der einmal blühenden Sorten erreichen. Die endgültige Höhe kann nur in Etappen, die sich jeweils auf den

■ **PER ZUFALL ENTSTANDEN**
Übrigens sind öfter blühende Kletterrosen erst seit 1930 im Handel, nachdem diese Eigenschaft erstmals bei der heute noch beliebten Kletterrosensorte 'New Dawn' spontan aufgetreten war – diese „Neuentdeckung" machten sich die Züchter zur Entwicklung der öfter blühenden Kletterrosen zu Nutze.

Trieb der Vorjahre aufbauen, über mehrere Jahre hinweg entstehen. Ein Frühjahrsschnitt erfolgt daher sehr vorsichtig. Nach den allgemeinen Schnittmaßnahmen entfernen Sie überaltertes Holz bis zur Basis oder bis zu einem aus dem unteren Bereich entspringenden neuen Langtrieb. Dünne, nicht voll entwickelte Triebspitzen nehmen Sie bis zu einem kräftig entwickelten Auge zurück, um einen starken Neuaustrieb zu fördern. Seitentriebe schneiden Sie insbesondere dann, wenn die Durchlüftung und die Belichtung der Pflanze nicht mehr gesichert sind. Sie werden auf zwei bis drei Augen geschnitten, schwache Triebe werden ganz entfernt.

Die Kartoffelrose 'Fru Dagmar Hastrup' (Poulsen 1914) erfreut mit einer kräftig rosafarbenen Blüte und auffälligen, roten Hagebutten.

krankes, beschädigtes Holz beseitigen Sie zuerst. Sind bodennahe junge Triebe vorhanden, so nutzen Sie diese für den Neuaufbau. Die übrigen Triebe, die oft schon sehr stark sein können, schneiden Sie kurz zurück oder entfernen sie mit der Säge ganz. Wie stark der Rückschnitt sein kann oder soll, ist ein bisschen Erfahrungssache. Als Richtwert mögen für Edel- und Beetrosen knapp 20 cm stehen bleibende Trieblänge gelten, für Kletter- und Strauchrosen entsprechend etwas mehr.

Bei altem Holz können Sie keine Augen mehr erkennen. Sie können also auch nicht „auf Auge" schneiden. Es sind aber in jedem Fall ruhende Knospenanlagen vorhanden, die nach dem Schnitt aktiviert werden und zum Austrieb kommen. Im Vergleich zu jüngerem Holz dauert das verständlicherweise aber erheblich länger.

Sommerschnitt

WENIGER IST MEHR

Im Gegensatz zum Frühjahrsschnitt, der in der Regel ein
größerer Eingriff ist, werden beim
Sommerschnitt eher unter-
stützende und korrigierende
Arbeiten durchgeführt. Sie sind
bei weitem nicht so umfangreich
und sollten nicht dazu verleiten,
stets mit der Schere das Rosenbeet aufzusuchen.

Hagebutten bringen im Herbst bis oft
weit in den Winter Farbe in den Garten.

Hagebutten

Es gibt Sorten, deren Blüten oder Blütenstände bald vertrocknen und abgestoßen werden, andere setzen unterschiedlich stark Hagebutten an. Diese so genannten „Scheinfrüchte" können, wenn sie sich im Herbst kräftig färben, einen wunderbaren Schmuck für den Garten oder auch die Vase ergeben. Das trifft vor allem auf viele Strauchrosensorten zu. Je nach persönlichem Geschmack bevorzugt der eine Hagebuttenschmuck, der andere wiederum eher viele Blüten während des Sommers. Laut Lehrmeinung sollte man zugunsten einer stärkeren Blütenbildung die Hagebutten entfernen, da die Hagebuttenbildung der Pflanze eine ganze Menge Kraft raubt.

Die nächste Blüte

Der Zeitpunkt der nächsten Blüte wird durch den Schnitt beeinflusst. Die Augen in der Spitzenregion treiben schneller aus als die in Basisnähe; durch einen starken Rückschnitt dauert es länger bis zur nächsten Blüte als bei einem mäßigen Schnitt. Außerdem bleibt bei einem nur leichten Schnitt viel mehr Blattmasse erhalten, die die Pflanze zum Assimilieren – also für ihre Ernährung durch Fotosynthese – benötigt. Andererseits sollten Sie nun nicht dazu ermutigt werden, nur den unmittelbaren Blütenstiel auszubrechen. Beim genauen Betrachten des Triebes erkennen Sie, dass die obersten ein bis zwei Augen nur schwach ausgebildet sind. Sie sitzen in den Achseln

Nach der ersten Blüte

Nach dem ersten Hauptflor kommt eine Zeit, in der die Rosen weniger oder auch gar nicht blühen. Erst nach dem zweiten Neuaustrieb beginnt bei den meisten Sorten gegen Ende August/Anfang September ein zweiter, kräftigerer Blütenflor. Je nach Sorte werfen die einen nach der Blüte ihre Blütenblätter ab, andere behalten die alten Blüten sehr lange am Strauch. Bei einigen stark gefüllten Rosen mit weichen Blütenblättern verkleben – vor allem bei regnerischer, feuchter Witterung – die Blütenblätter und büßen so einiges an Zierwert ein

von nicht vollständig ausgebildeten Laubblättern, die nicht die volle Anzahl an Fiederblättchen besitzen. Diese schwachen Augen sind nicht dazu geeignet, einen schnellen und kräftigen Austrieb und damit die nächste Blüte zu garantieren. Deshalb müssen Sie zusammen mit der Blüte beziehungsweise dem Blütenstand auch ein Stück Trieb entfernen. Das oberste verbleibende Laubblatt muss vollständig ausgebildet sein: Bei Edelrosen und Beetrosen müssen fünf Fiederblätter vorhanden sein. Führen Sie also den Schnitt nach der ersten Blüte über einem Auge durch, das in der Blattachsel eines voll entwickelten Laubblattes sitzt.

Für eilige Gärtner

Wer es besonders eilig hat, den Neuaustrieb und damit die nächste Blüte zu fördern, kann mit dem Schnitt darauf Einfluss nehmen. Die Pflanze braucht die Blattmasse zwar zum Assimilieren, gleichzeitig entwickeln die Blätter aber Hemmstoffe, die die in der Blattachsel sitzenden Augen am vorzeitigen Austreiben hindern. Für eine schnelle neue Blüte ist diese Hemmung jedoch nicht wünschenswert. Da es bis zum natürlichen Abbau dieser Hemmstoffe einige Zeit dauert, können Sie etwas nachhelfen: Entfernen Sie jeweils das vollständige Blatt einschließlich Blattstiel einfach von Hand an der Ansatzstelle. Dadurch fällt die vom Blatt ausgehende Hemmwirkung weg und das Auge kann schneller austreiben.

Hagebuttenrosen		
Sorte	Klasse	Farbe
'Bonica 82'	Beetrose	zartrosa
'La Sevillana'	Beetrose	orange bis blutrot
'Märchenland'	Beetrose	rosa
'Masquerade'	Beetrose	gelb, später rot
'New Dawn'	Kletterrose	rosa
'Scharlachglut'	Strauchrose	scharlachrot, Auge gelb
'The Queen Elizabeth Rose'	Beetrose	rosa

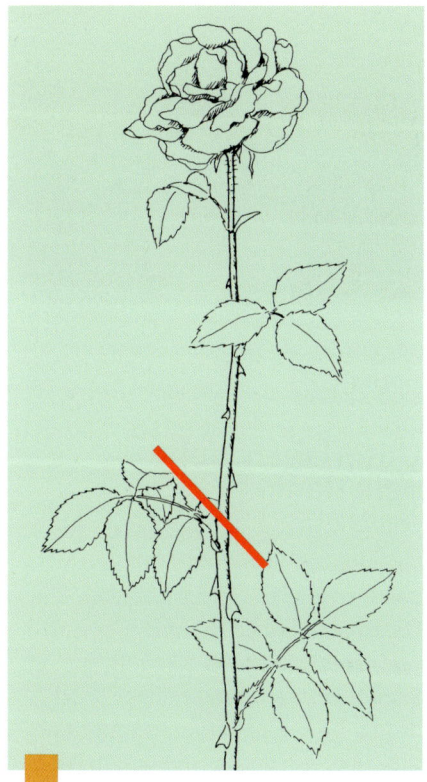

Verblühte Rosen werden über dem ersten voll entwickelten Blatt entfernt.

Wildtriebe werden sauber an der Entstehungsstelle entfernt.

Unterlagentriebe –
nein danke!

Die meisten Rosen sind auf den Wurzelhals einer Unterlage veredelt. Diese
Unterlagen haben je nach Typ, Sorte
und Standort die Eigenschaft, immer
wieder einmal auszutreiben. Wird
dieser Trieb nicht erkannt und beseitigt, überwuchert er die veredelte
Sorte. Er kann sie völlig unterdrück-
en, bis eines Tages eine Wildrose im
Garten steht!

Wildtriebe sind in der Regel recht
leicht zu erkennen. Sie wachsen stärker als die Edelsorte und weichen in
den Trieb- und Laubfarben von der
Edelsorte ab, meist sind sie heller. Die
Blätter sind kleiner und haben im Vergleich mit den meisten Edel- und
Beetrosen eine größere Anzahl an Fiederblättchen. Während Edel- und
Beetrosen meist fünf Fiederblätter
besitzen, sind es bei den Unterlagen-
trieben sieben bis neun. Bei einigen
Strauch- und Kletterrosen, besonders
bei den einmal blühenden, ist die
Unterscheidung schon schwieriger
und erfordert genaueres Hinsehen.
Sorten dieser Gruppen haben oft
Laubblätter, die denen der Veredlungsunterlage in Größe und Fieder-
zahl sehr ähneln.

Die Ansatzstelle finden

Die aus der Veredlungsunterlage entspringenden Triebe müssen fortlaufend beseitigt werden, je eher, desto
besser und leichter. Sind sie noch
klein genug, können Sie sie abreißen,
später sollten Sie sie sauber an der
Entstehungsstelle wegschneiden.
Meistens kommen diese Triebe aus
dem Erdreich und ihre Ansatzstelle
befindet sich unter der Erde an der
Wurzel. Legen Sie dann die Entstehungsstelle mit dem Handspaten frei,
um den Wildtrieb vollständig entfernen zu können. Wenn Sie den Wildtrieb nur an der Erdoberfläche wegschneiden, ist für den Moment zwar
nichts mehr zu sehen, aber das in der
Erde verbleibende Stück wird stärker

und treibt neu aus – dann aber mit zwei, drei oder mehr Seitentrieben! Einen solchen Trieb zu entfernen, wird wesentlich schwieriger. Beachten Sie bei den Stammrosen, dass die Edelsorte erst als Krone aufveredelt ist. Alle Austriebe, die aus dem Wurzelbereich und am Stamm entstehen, gehören also zur Unterlage und müssen entfernt werden. Kleine Austriebe am Stamm lassen sich leicht mit der Hand abstreifen, stärkere Triebe schneiden Sie mit dem Messer oder der Schere glatt ab.

Blattverfärbung durch Rosenrost

Mit dem Schnitt die Pflanze schützen

Es ist schon seltsam: Wenn die Rede auf Pflanzenkrankheiten und -schädlinge kommt, entflammt die Diskussion, ob überhaupt und wenn ja, welche Pflanzenschutzmittel anzuwenden sind. Dabei werden zwei Dinge meistens nicht beachtet:
1. Wir selbst verbreiten oft Krankheiten von Schnittstelle zu Schnittstelle durch unsauberes Arbeiten mit Schere oder Säge.
2. So mancher Schaden lässt sich mit dem Entfernen weniger Pflanzenteile ohne großen Aufwand eindämmen. Gleichzeitig können Sie der Ausbreitung der Krankheit vorbeugen.

Achtung, Übertragungsgefahr!
Beim Rückschnitt erkrankter Teile können Sie nicht immer sicher sein, beim ersten Versuch bis in das gesun-

de Gewebe geschnitten zu haben. Oft müssen Sie mehrmals nachschneiden. Die Erreger, die sich an der Rinde und im Pflanzensaft befinden, haften auf dem Werkzeug und werden mit dem nächsten Schnitt auf einen neuen Trieb, auf eine neue Pflanze abgestreift. So kann im ungünstigsten Falle anstelle der Krankheitsbekämpfung eine Krankheitsverbreitung durch die Schere stattfinden.
Vernichten Sie Krankheitserreger wie Pilzsporen durch Desinfektion der Werkzeuge. Diese Vorsichtsmaßnahme gehört auch während der Arbeit dazu – eine Regel, die leider selten eingehalten wird.
Bereits beim Frühjahrsschnitt wurde erklärt, dass Sie befallene Triebe – seien es nun Rosenrost, Rindenfleckenkrankheit oder Rosentriebbohrer – bis ins gesunde Holz schneiden müssen. Während die Sporenlager des Rosenrostes an den Trieben mit

Schadbild der Rindenfleckenkrankheit

Befall mit dem Rosentriebbohrer

ihrer auffälligen, leuchtend gelben Farbe nur im Frühjahr zu finden sind, treten Schäden durch die Rindenfleckenkrankheit und den Rosentriebbohrer vor allem während der Vegetationsperiode auf. Triebe mit der Rindenfleckenkrankheit sollten Sie nicht erst dann entfernen, wenn die Krankheit bereits den ganzen Trieb umschlossen hat und der darüber liegende Teil abstirbt. Reagieren Sie, sobald Sie einen Befall bemerken. Den Rosentriebbohrer können Sie zwar mit systemisch wirkenden Insektiziden abtöten, die bereits entstandenen Fraßgänge werden dadurch aber nicht wieder beseitigt. Auch hier hilft der Pflanze ein Schnitt bis ins ungeschä-

digte Holz, sich schneller wieder zu regenerieren.

Auch bei starkem Befall von anderen Krankheiten oder Schädlingen ist der rechtzeitige Griff zur Schere sinnvoller, anstatt später vergebliche Bekämpfungsversuche zu unternehmen. Dies gilt zum Beispiel auch bei Mehltau und Grauschimmel. Bei extrem starkem Mehltaubefall ist das Entfernen der Triebspitzen effektiver, als geschädigte Teile an der Pflanze mit chemischen Mitteln zu behandeln. Von Grauschimmel überzogene Blüten sehen nicht nur unschön aus, sie sind auch Infektionsquellen für weiteren Befall und sollten ebenfalls beseitigt werden.

Die kranken Teile sollten Sie keinesfalls auf den Kompost werfen und schon gar nicht im Beet liegen lassen. Sie müssen entsorgt werden, um weitere Infektionen zu verhindern (siehe auch Seite 86ff.).

Was tun mit Blindtrieben?

Es kann auch bei öfter blühenden Sorten immer wieder vorkommen, dass Triebe nicht mit einer Blüte oder einem Blütenstand enden. Diese Triebe ohne Blütenentwicklung nenn man Blindtriebe. Ursachen dafür gibt es viele: eine abgebrochene Spitze, Insektenfraß, eine Schockwirkung durch Witterungsextreme, Spätfröste, Lichtmangel im Schattendruck großer Bäume, Nährstoffmangel und andere mehr. Manchmal ist die angesetzte Blütenknospe noch zu sehen, die sich zunächst gelb färbt und schließlich ganz abgestoßen wird. Manchmal glaubt man, dass gar keine Knospe vorhanden war. Dabei wird die Knospe nicht erst dann angesetzt, wenn der Trieb ausgewachsen und das Längenwachstum abgeschlossen ist: Bereits bei dem erst wenige Millimeter großen Austrieb werden in der Pflanze die Weichen dafür gestellt, ob eine Blütenknospe angelegt wird. Außerdem kann in den langen Wochen bis zur erhofften Entfaltung viel geschehen, was zum Absterben der Knospe führen kann. Blindtriebe verharren in der Regel eine längere Zeit in einem Ruhezu-

stand, bevor die Seitenknospen austreiben, die dann ganz normal zur Blüte kommen. Damit Sie nicht allzu lange auf die ersehnte Blüte warten müssen, können Sie „frisch ertappte" Blindtriebe einkürzen. Sie schneiden dann, als hätte der Trieb eine Blüte hervorgebracht.

Die Verzweigung fördern

Bei der Anzucht in der Baumschule ist es üblich, Rosen mit nur einem Trieb aus der Veredlungstelle zu „pinzieren". Darunter versteht man das

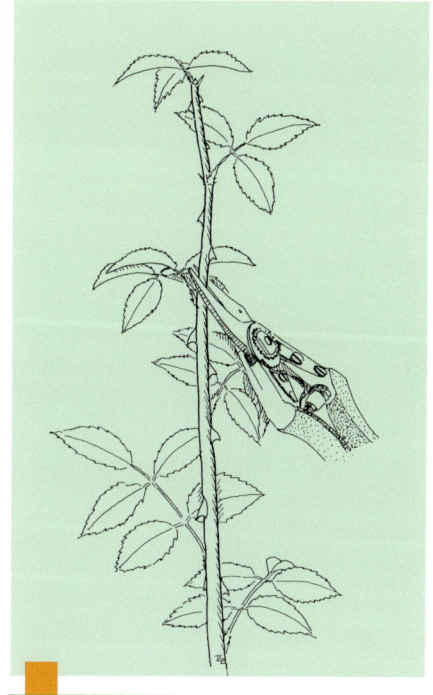

Schnitt von Blindtrieben

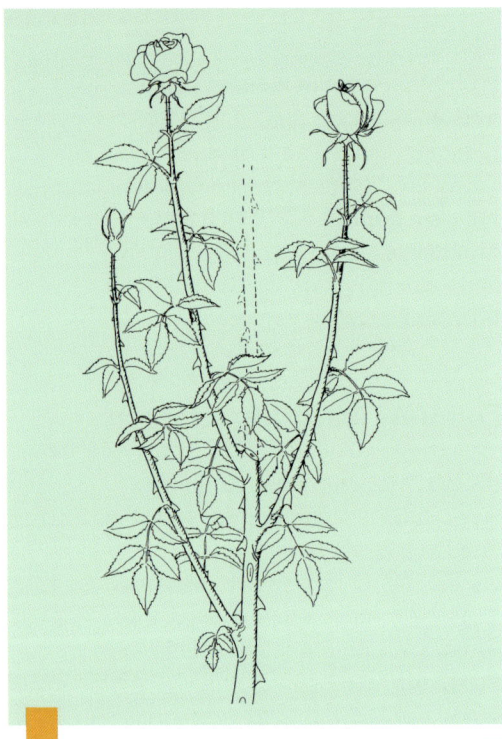

Durch Einkürzen des Triebes wird die Verzweigung gefördert.

ben. Das kann daran liegen, dass ein stark austreibender Trieb die Entwicklung der anderen Triebe behindert. In diesem Fall sollten Sie einige Wochen länger auf die erste Blüte warten und die Spitze zugunsten eines besseren und kräftigeren Pflanzenaufbaus herausnehmen. Diese Wartezeit lohnt sich allemal, die Pflanze wird es Ihnen über Jahre mit einem Blütenmeer an vielen Trieben danken.

Blühtermin nach Wunsch

Haben Sie es nicht auch schon bedauert, dass die Hauptblütezeit der verschiedenen Rosen sehr eng zusammen liegt und die Blütenträume ein zwar geballtes, aber kurzes Vergnügen sind? Einige Wildrosen und einige den Wildrosen nahestehende Sorten beginnen zwar schon Wochen vor diesem Termin zu blühen, und ein paar andere Sorten sind auch erst etwas später dran. Nach diesem „Blütenfeuerwerk", das abhängig von der Witterung unterschiedlich lange anhält, lässt die Blüte zunächst zu wünschen übrig. Mit dem Neuaustrieb im Spätsommer entfaltet eine zweite Blütenwelle ihre Pracht. Zwischendurch sind die Rosen zwar nicht blütenlos, zeigen aber nur vereinzelte Farbtupfer.

Nun kann es aber vorkommen, dass eine Ausstellung bei Kleingärtnern und Rosenfreunden ansteht, ein großer Geburtstag oder sonst irgendein wichtiger Anlass zu feiern ist, der sich nicht an die Blütezeit der Rosen

Einkürzen der Triebspitze auf drei bis fünf Augen. Solange die Triebe noch nicht verholzt sind, können Sie sie sogar mit den Fingern abknipsen. Je weicher der Trieb ist, desto schneller reagiert er: nun schickt er sogar mehrere Neuaustriebe aus den verbleibenden Augen. Damit wird die Pflanze stärker verzweigt; das Grundgerüst für einen guten Pflanzenaufbau ist gelegt.

Diese Methode für eine bessere Verzweigung können Sie auch zu einem späteren Zeitpunkt anwenden, wenn nach einer Pflanzung nicht mehrere Triebe auf einmal gleichmäßig austrei-

hält. Und trotzdem sollen Rosen blühen!

Im Gewächshaus kann man die Rosen so kultivieren, dass die gewünschten Sorten zu einem bestimmten Zeitpunkt blühen, weil das „Wetter" weitgehend steuerbar ist. Im Freiland lassen sich Kälte- und Hitzeperioden, Nässe und Trockenheit nur schwer planen. Sie bestimmen aber wesentlich mit, wie schnell sich die Pflanzen entwickeln.

Der private Rosengärtner kann hier zu folgendem Trick greifen: Mit Hilfe des Schnittes zur Blütezeitsteuerung kann er den Blühtermin beeinflussen.

Wenn man die Triebe wie beim Sommerschnitt beschrieben zurückschneidet, kann man je nach Standort nach etwa sechs Wochen mit einem kräftigen Blütenflor rechnen.

Früh blühende Sorten entwickeln sich auch nach dem Schnitt schneller und kommen in kürzerer Zeit zur Blüte. Sorten mit einem längeren Entwicklungsrhythmus benötigen entsprechend mehr Zeit. Wenn Sie nun die Triebspitzen schon herausnehmen, während sich der Trieb noch in der Entwicklung befindet und weich ist, kann sich der Zeitraum bis zur Blüte auf vier bis fünf Wochen reduzieren. Ist der Trieb dagegen schon vollständig verholzt und Sie schneiden ihn stark zurück, verlängert sich auch die Zeit bis zur folgenden Blüte.

Haben Sie bis zum großen Ereignis noch genügend Zeit, können Sie für Ihren Standort schon einmal ein Jahr zuvor die Probe aufs Exempel machen, um Erfahrungswerte zu sammeln. Die Bewunderung der vollen

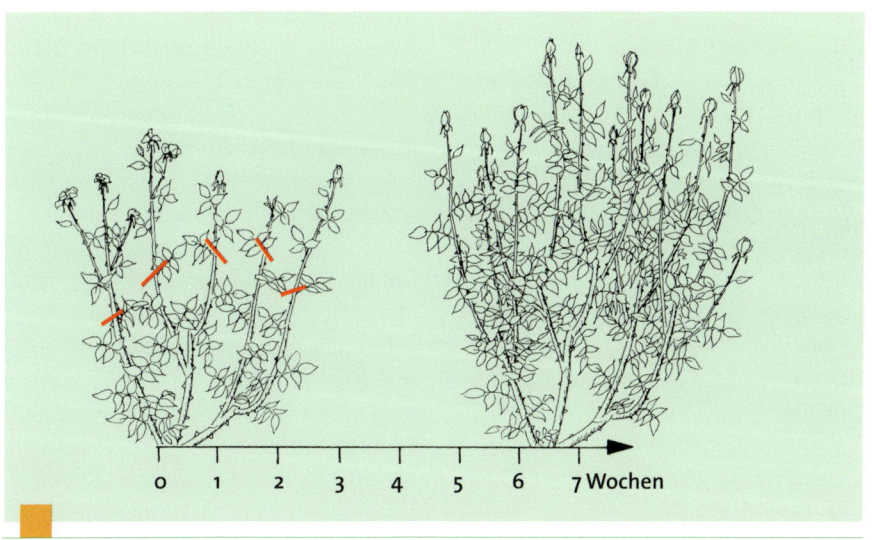

Durch eine Schnittmaßnahme lässt sich die Blütezeit steuern.

Blütenpracht zum ungewöhnlichen Zeitpunkt ist Ihnen sicher.

Im Herbst schneiden?

Eigentlich kann man nur dafür plädieren, die Rosen im Herbst gar nicht zu schneiden.

Viele Gartenliebhaber treibt jedoch der „Ordnungssinn" dazu, im Herbst den Garten aufzuräumen. Da sind lange Rosentriebe im Weg, sie stören nur und müssen im Frühjahr ja sowieso geschnitten werden. Da es im Herbst außerdem nass und kalt wird, werden diese Arbeiten möglichst zeitig durchgeführt. Haben die Rosen dann im Frühjahr Schaden genommen, ist das Erstaunen groß – zu Unrecht: Die gärtnerische Maßnahme ist Schuld!

Unsere Kultursorten der Rosen haben keine natürliche Ruheperiode wie zum Beispiel viele Laubbäume. Sie könnten also bei entsprechenden Bedingungen das ganze Jahr über wachsen und blühen. So ist es auch gar nicht so selten, dass man noch zu Weihnachten im Garten einige Rosen schneiden kann. Die Rosenpflanzen stellen erst durch Kältereize ihr Wachstum ein und erhalten dadurch die notwendige Frostwiderstandsfähigkeit.

Gute Gründe gegen den Herbstschnitt

Schneidet man die Rosen nun im Herbst zurück, erfolgt die gleiche Reaktion wie bei einem Schnitt im Frühjahr oder Sommer: Die verbleibenden Augen werden aktiviert, auch wenn das äußerlich nicht zu sehen ist. Im ungünstigsten Falle treiben sie bei einem langen warmen Herbst sogar noch aus. Man darf nicht vergessen, dass die Rose bereits bei wenigen Graden über dem Nullpunkt aktiv wird. Kommt jetzt der Wintereinbruch mit Frost und womöglich auch noch ohne Schnee, trifft er auf eine völlig unvorbereitete, nicht abgehärtete Pflanze. Die eintretenden Schäden können bis zum Totalverlust führen, obwohl der Winter keineswegs extrem war.

Übersteht die Rose diesen Teil des Winters, ist es mit Risiken durch den herbstlichen Rückschnitt noch lange nicht vorbei. Im Frühjahr ist sie wieder die Erste, die aktiv wird und die Knospen der Triebspitzen zum Austreiben bringt. Spätfröste haben dann eine verheerende Wirkung.

Robuster ohne Schnitt

Wenn dagegen eine im Herbst ungeschnittene Rose schon mit dem Austrieb begonnen haben sollte, ist die Gefahr solcher Spätfrostschäden viel geringer, da diese Austriebe nicht gebraucht werden. Der Frühjahrsschnitt steht noch bevor, und dann werden diese vorzeitigen Austriebe sowieso entfernt.

Aus diesen Gründen sollten Sie einen Herbstschnitt nur in Form eines Egalisierungsschnittes durchführen, wenn Ihr Ordnungssinn danach verlangt.

Im Herbst werden nur die Triebspitzen egalisiert.

Notwendig ist dieser Schnitt aber nicht: Es werden damit weiche, unausgereifte Triebspitzen entfernt, die andernfalls vielleicht doch noch eine Blüte hervorbringen würden. Die von Raureif überzogenen Blüten wirken dann wie in Zuckerguss getaucht – ein dekorativer Blickfang im spätherbstlichen Beet!

Ausnahme Stammrosen
Etwas anders ist die Situation bei Stammrosen. Hier sollten vor dem Umlegen weiche, unausgereifte Triebteile, noch vorhandene Blütenknospen und Hagebuttenansätze entfernt werden. So beugen Sie unnötiger Fäulnis während der Überwinterungszeit vor.

Rosen für die Vase

Der Rosenliebhaber will seine Schützlinge nicht nur im Garten bewundern, sondern sich die Blütenpracht auch ins Haus holen oder andere mit einem Strauß erfreuen.

Er legt jedoch eigene Kriterien an die Schönheit seiner Schnittrosen an und bedient sich dabei anderer Kulturmaßnahmen als ein professioneller Schnittrosengärtner.

Edelrosen für die Vase	
Sorte	Farbe
'Aachener Dom'	rosa
'Barkarole'	dunkelrot
'Carina'	rosa
'Gloria Dei'	gelb, Rand rötlich
'Ingrid Bergmann'	dunkelrot
'Landora'	gelb

'Barkarole' (Tantau 1988) lässt ahnen, wie dunkel die besungene Nacht war.

Eine Schnittrose soll im Allgemeinen aus einer einzelnen großen Blüte an einem langen Stiel bestehen. Unsere Vorstellung ist dabei durch die im

Mehrblumige Beetrosen für die Vase	
Sorte	Farbe
'Bella Rosa'	rosa
'Bonica 82'	zartrosa
'The Fairy'	hellrosa
'Träumerei'	lachsfarben

Blumengeschäft angebotenen Rosen geprägt, die in der Regel aus dem Gewächshaus kommen.

Die einblumige Rose bildet bei einer natürlichen Entwicklung jedoch die Ausnahme.

Normalerweise werden – auch bei den großblumigen Edelrosen – neben einer Hauptknospe mehrere Nebenknospen angesetzt, die sich auch voll entfalten können. Wenn sich aber nur die Hauptknospe entwickeln soll, müssen die Nebenknospen spätestens im erbsengroßen Stadium ausgebrochen werden. Dann vernarben die Bruchstellen so, dass sie zum Zeitpunkt der Blüte nicht mehr erkennbar

Mit nur einem Stiel der Beetrose 'Bella Rosa' (W. Kordes' Söhne 1982) hat man einen ganzen Strauß in der Vase.

sind. Außerdem geht dann die gesamte Kraft in die Hauptblüte, die sich besonders kräftig und groß entwickeln kann. Auf die gleiche Weise lassen sich aus vielen der großblumigen Beetrosen einblumige Schnittrosen machen.

Eine Reihe Beetrosensorten als mehrblumige Schnittrosen halten in der Vase sogar länger als Edelrosen. Hier können Sie das Prinzip des Ausbrechens umdrehen: Da die Hauptknospe in der Regel etwas früher blüht als die übrigen, wird nur sie für eine gleichmäßige Blüte ausgebrochen. So erhalten Sie einen einheitlichen Blütenstand an einem Stiel.

Schnittrosen gewinnen

Das Ziel bei der Gewinnung von Schnittblumen sind lange Stiele. Die Grundlagen dafür werden beim Frühjahrsschnitt gelegt. Ein kräftiger, langer Austrieb setzt einen starken Rückschnitt voraus, bei dem die Pflanzen auf drei bis vier Augen zurück genommen werden.

Die Länge des Stiels

Zur Blütezeit sind die Richtlinien für den Schnitt nicht so eindeutig: Soll die Schnittblume so lang wie möglich oder so lang wie nötig geschnitten werden? Je länger der abgeschnittene

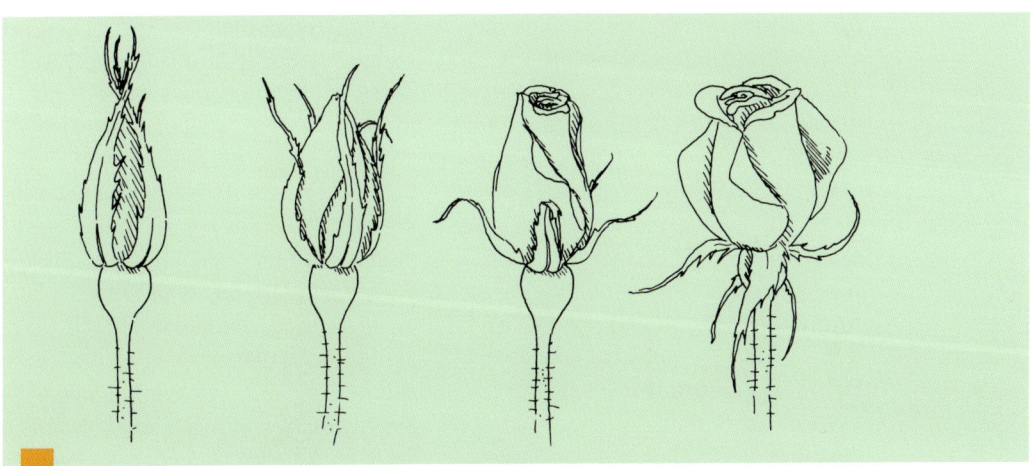

Schnittreifestadien der Rosen (von links nach rechts):

1. In diesem Stadium geschnitten blüht die Rose in der Vase nicht auf.
2. Schwach gefüllte Sorten können bei warmer, trockener Witterung in diesem Stadium geschnitten werden.
3. Richtiger Schnittzeitpunkt
4. Stark gefüllte Sorten sollten bei feuchter, kühler Witterung erst jetzt geschnitten werden.

Stiel ist, desto mehr Assimilations-
fläche wird der Pflanze mit jedem
entfernten Blatt genommen und desto
näher liegen die verbleibenden Augen
an der Basis. Das bedeutet für den
Neuaustrieb, dass sich die Zeit bis zur
Entwicklung der nächsten Blüte verlängert. Es ist also wenig sinnvoll,
einen extrem langen Stiel zu schneiden, von dem dann möglicherweise
beim Einstellen in die Vase die Hälfte
wieder entfernt werden muss.
Belassen Sie der Pflanze am Trieb
mindestens drei Augen, um ihr eine
kräftige Regeneration zu ermöglichen.
Wenn Sie mit Ihrem Rosenbeet auch
noch den Garten schmücken wollen,
sollten Sie nicht jede Blüte am
Strauch abschneiden. Schneiden Sie
von kräftigen Pflanzen jeweils zwei
bis drei Blüten, damit genügend Blattmasse für die Fotosynthese und damit
für den Aufbau von Pflanzennähr-
stoffen übrig bleibt. Wenn Sie gleich
jeden blütengeschmückten Stiel „ern-
ten", benötigt die Pflanze zur Erho-
lung und zum Neuaustrieb viel mehr
Kraft und Zeit.

Der ideale Zeitpunkt

Der richtige Schnittzeitpunkt
bestimmt wesentlich die Haltbarkeit
der Blumen in der Vase. Er ist dann
gekommen, wenn sich die Kelchblät-
ter mindestens bis in die Waagerechte
entfaltet haben und das erste Blüten-
blatt sich zu lösen beginnt. Generell
können Sie – unabhängig von der
genauen Sorte – locker gefüllte Sorten
schon in einem früheren, stark gefüll-

te erst in einem etwas späteren Ent-
wicklungsstadium schneiden.
Auch das Wetter spielt eine Rolle: Bei
heißer, trockener Witterung kann der
Schnitt in einem früheren Entwick-
lungsstadium der Blüte erfolgen als
bei kühlem, feuchtem Wetter.
Die günstigste Tageszeit für den
Schnitt ist praktischerweise der frühe
Morgen, wenn die Pflanzen nach der
Nacht noch keine Wasserverluste aufweisen, Stiele und Blätter deshalb
frisch sind und unter vollem Saft-
druck stehen. Pflanzenphysiologisch
gesehen ist allerdings der Nachmittag
günstiger, weil zu diesem Zeitpunkt
der Nährstoffvorrat in der Pflanze
größer ist. Dann müssen Sie jedoch
darauf achten, die Pflanzen fachge-
recht zu schneiden und für die Vase
vorzubereiten und sie danach zügig
in das Wasser zu stellen.

So bleiben Schnittrosen frisch

Die Haltbarkeit der Rosen in der Vase
verbessert sich merklich, wenn Sie sie
vorher mindestens zwölf Stunden bei
Temperaturen von maximal 5 °C
lagern. Im Haushalt wenden Sie folgenden Trick an: Wickeln Sie die
Rosen eng in feuchtes Papier ein und
lagern Sie sie für diese Zeit im Gemü-
sefach des Kühlschranks.
Um die Haltbarkeit in der Vase zu
fördern, schneiden Sie die Stielenden
schräg an. Wechseln Sie das Wasser
täglich oder geben Sie eines der han-
delsüblichen Frischhaltemittel dazu.
Selten wird beachtet, die in das
Vasenwasser reichenden Laubblätter

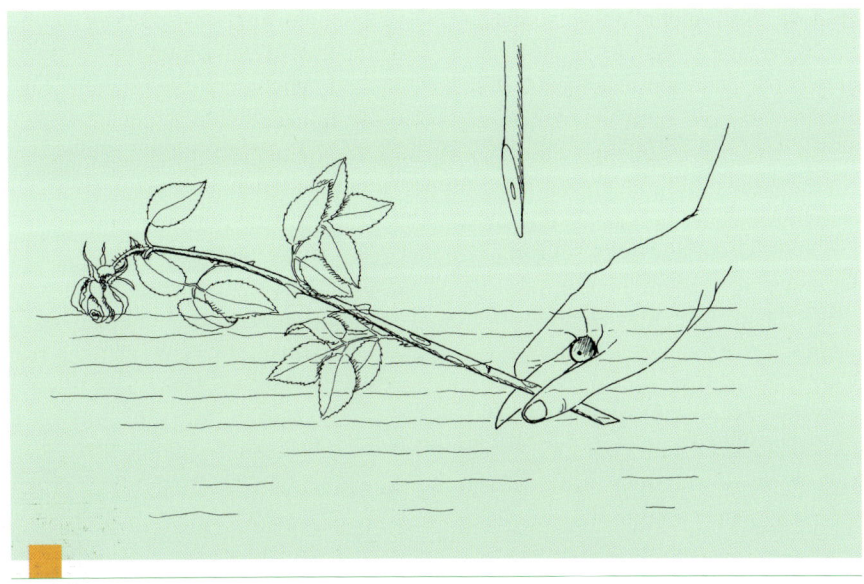

Unter Wasser angeschnitten wird die Rose bald wieder straff sein.

restlos zu entfernen. Denn die Blätter enthalten Hemmstoffe, die bei der geringsten Verletzung oder Quetschung austreten. Sie entwickeln zusammen mit dem im Wasser enthaltenen Sauerstoff Verbindungen, die die Leitgefäße im Blütenstiel verstopfen und die Rose zum Welken bringen.

Erste Hilfe für müde Schnittrosen
Vermeiden Sie Zugluft und direkte Sonneneinwirkung, damit die Rosen nicht schon nach kurzer Zeit die Köpfe hängen lassen. Sollte dies trotzdem passieren, sind die Blumen durch ein Anschneiden unter Wasser meist noch zu retten. Legen Sie die Stielenden in ein mit Wasser gefülltes Gefäß und schneiden Sie sie dort schräg an. Lassen Sie die Rosen darin liegen, bis sie sich erholt haben.

Sie müssen darauf achten, dass die Schnittstelle wirklich unter Wasser liegt und keinen Luftkontakt erhält. Nur so können die Rosen wieder Wasser ansaugen. Sobald nämlich Luft in die Leitungsbahnen gelangt, wird die Wasserzufuhr in den Leitungsbahnen unterbrochen und die Rosen können sich nur schwer regenerieren. Meist können Sie schon im Laufe einer halben Stunde die ersten Erfolge sehen. Wenn die Blumen noch nicht wieder straff geworden sind, können Sie das Ganze noch einmal wiederholen.

Rosenpflege

RUND UM S JAHR

Gesunde Pflanzen müssen Stress durch Witterung und Schädlinge schon einmal verkraften können. Damit sie widerstandsfähig und robust werden, müssen sie sich an ihrem Platz im Garten möglichst wohl fühlen – und darauf haben Sie durch die richtigen Pflegemaßnahmen einen wichtigen Einfluss.

Boden lockern und Unkraut bekämpfen

Rosen benötigen einen lockeren, gut durchlüfteten Boden. Die Voraussetzungen dafür schaffen Sie schon vor der Pflanzung.

Vermeiden Sie alles, was zur Verdichtung des Bodens beitragen könnte. Oft unterschätzt man den Druck der Schuhe beim Betreten der Beete oder die Wirkung von intensiven Wassergaben, die den Boden verschlämmen können. Verfestigter Boden behindert das Wachstum der Rosen und macht sie leichter zu Opfern einer Reihe von Krankheiten. Deshalb sollten Sie den Boden zwischen den Pflanzen regelmäßig lockern, ohne dabei Wurzeln zu beschädigen. Als Werkzeug eignet sich zunächst eine Hacke. Für eine tiefer gehende Lockerung nehmen Sie besser eine spezielle Rosengabel mit nur zwei Zinken.

Wild- beziehungsweise Unkräuter sind zwar unschön und verursachen Arbeit, aber sie gehören einfach dazu. Ihre Samen können jahrelang im Boden ruhen, werden neu angeweht oder durch Tiere verschleppt. Wurzelunkräuter sind besonders lästig und müssen vor der Rosenpflanzung konsequent beseitigt werden. Im bepflanzten Rosenbeet müssen Sie sie so früh wie möglich mit allen Wurzelresten entfernen. Wenn sie lediglich die oberirdischen Teile abrupfen, werden Sie bei diesem „Zweikampf" schnell unterliegen.

Samenunkräuter können Sie beseiti-gen, wenn Sie den Boden durch regelmäßiges Hacken offen halten. Die jungen Unkrautpflanzen werden dabei in ihrer Entwicklung gestört und vertrocknen.

Mit Mulch den Boden schützen

Hilfreich für die Bodendurchlüftung und das Unkrautproblem ist das Verteilen von Mulchmaterial. Dazu bringen Sie eine etwa 5 cm hohe Schicht organischen Materials – in der Regel Rindenmulch – zwischen den Pflanzen auf. Dieses Mulchmaterial besteht aus groben Rindenstücken unterschiedlicher Größe. Durch die Mulchdecke vermindert sich die Verdunstung, das Bodenleben kann sich durch die gleichbleibende Feuchtigkeit und Temperatur aktiver entwickeln und die meisten Unkräuter werden am Keimen gehindert.

Verteilen Sie den Rindenmulch gleichmäßig auf der Pflanzfläche. Vermeiden Sie dabei das Anhäufeln rund um die Pflanze, da nun das Wasser zu stark abläuft und an der Pflanze vorbei geleitet wird. Frisch gepflanzte und noch nicht vollständig eingewurzelte Rosen können so nicht genügend mit Wasser versorgt werden. Sie umgehen dieses Problem, indem Sie den Mulch erst im zweiten Standjahr aufbringen.

Bedenken Sie, dass Rindenmulch keine Nährstoffe enthält! Für seine Zersetzung benötigen die Mikroorganismen Stickstoff, der dann möglicherweise den Rosen fehlt. Mangelerscheinungen sind die Folge. Deshalb

Die Rosen danken regelmäßige Pflege mit gesundem Wachstum und Blütenreichtum.

sollten Sie beim Mulchen mit Rinden-
schnitzeln den Boden zusätzlich mit
Stickstoff versorgen.

Rosen richtig wässern

Rose benötigen viel Wasser. Das heißt
jedoch nicht, dass Sie sie jeden Tag
gießen müssen, damit würden Sie
ihnen eher schaden als nützen.
Bei der Rosenpflanzung müssen Sie
natürlich ausreichend gießen (siehe
Seite 40). Auch in der Anwachsphase,
wenn die Wurzeln nur aus dem unmittelbaren Umkreis Wasser aufneh-
men können, müssen Sie gegebenenfalls zusätzlich mit der Gießkanne
nachhelfen. Später hat sich das Wurzelsystem so ausgedehnt, dass die
Pflanzen Wasserreserven aus größe-

ren Tiefen anzapfen können. Das
bedeutet für Sie zum einen, dass eine
trockene Bodenoberfläche noch lange
nicht auf einen Wassermangel für die
Rosen hindeutet. Ein bloßes Anfeuch-
ten der Bodenoberfläche sichert allerdings die Wasserversorgung auch
nicht. Was Sie auf keinen Fall tun
sollten: die Rosen jeden Abend mit
dem Wasserschlauch abzuspritzen.
Das führt nur dazu, dass sich statt der
Rosen verschiedene Pilze wohl fühlen
und hervorragend entwickeln können.
Wenn tatsächlich Trockenzeiten auftreten, wässern Sie am besten selten,
aber ausgiebig. Pro Quadratmeter
sind dann mindestens 20 bis 30 Liter
nötig – das entspricht zwei bis drei
Gießkannen. Diese Mengen dringen
in die notwendige Tiefe vor. Danach

halten die Rosen problemlos wieder ein bis zwei Wochen ohne Regen durch.Wichtig ist beim Wässern noch, dass das Laub entweder gar nicht benetzt wird oder aber schnell wieder ab-trocknen kann, damit Pilzkrankheiten keine Chance haben. Bei heißem Wetter sollten Sie nicht während der Mittagsstunden wässern, da es dann leicht zu Verbrennungsschäden am Laub kommen kann. Rosen benötigen im vollen Wachstum das meiste Wasser, wenn also Pflanzenmasse aufgebaut wird und reichlich Nährstoffe transportiert werden müssen. Im Spätsommer und zum Herbst können Sie die Wassergaben reduzieren. Zu dieser Zeit soll das Wachstum gebremst werden, das Holz soll ausreifen und zur Ruhe kommen, um gegen den Winter mit seinen Frösten besser gewappnet zu sein. Da die Rose keine natürliche Winterruhe besitzt, wird sie nur durch die äußeren Bedingungen dazu gezwungen.

Rosen fachgerecht düngen

Zum Wachsen braucht die Rose Nährstoffe. Diese müssen in einem bestimmten Verhältnis, einer bestimmten Menge und zu ganz bestimmten Zeiten verfügbar sein. Die Nährstoffe müssen im Boden in einer für die Pflanze aufnehmbaren Form vorliegen. Einen Einfluss darauf hat der Säuregrad des Bodens, der im Idealfall bei pH 5,5 bis 6,5 liegt. Phosphor zum Beispiel wird im sauren Bereich festgelegt und Eisen ist bei höheren pH-Werten für die Pflanze nicht mehr verfügbar, selbst wenn eine ausreichende Menge vorhanden wäre.

Stickstoff und Kalium

Großen Bedarf an Stickstoff hat die Pflanze in den Zeiten des Hauptwachstums. Zum Herbst hin soll eher die Gewebefestigkeit als das Wachstum für eine schadlose Überwinterung gefördert werden. Das erreichen Sie mit kaliumbetonten Düngern. Aber Achtung: Trotz des großen Nährstoffbedarfs lieben Rosen keine hohen Salzkonzentrationen im Boden. Insbesondere bei Chloridanteilen kann es zu Schädigungen kommen.

Wann muss ich wieviel düngen?

Im Pflanzjahr benötigen Rosen nur relativ wenig Nährstoffe; eine Nachdüngung erübrigt sich, sofern Sie den Boden gut vorbereitet haben. Dazu gehört, dass Sie dem Boden etwa vier Wochen vor der Pflanzung ausreichend Kompost, gut verrotteten Stallmist oder Hornspäne als langsam frei werdende Nährstoffquellen zusetzen. Frischer Mist und Düngergaben bei der Pflanzung schädigen die Pflanze. Ab dem zweiten Standjahr sollten Sie die verbrauchten Nährstoffe durch entsprechende Düngergaben ersetzen. Düngen Sie die Rosen einmal zum Austrieb im Frühjahr und nochmals nach der ersten Blüte zur Förderung des Neutriebs. Spätestens ab Mitte

Juli dürfen Sie nicht mehr düngen, damit das Holz rechtzeitig ausreift. Der Handel hält verschiedenartige Düngemittel mit unterschiedlichen Nährstoffgehalten und Wirkungsweisen bereit. Informieren Sie sich also zuvor mit Hilfe der Gebrauchsanweisungen über die aufzuwendenden Mengen.

Düngerarten

Mineralische Dünger wie beispielsweise Blaukorn wirken schnell, aber nur für einen kurzen Zeitraum. Organische Dünger wie Hornspäne sind langsam fließende Nährstoffquellen. Viele der heute angebotenen Dünger, auch die speziellen „Rosendünger", besitzen sowohl organische als auch mineralische Anteile und damit eine schnell und eine anhaltend wirkende Komponente. Die Wirkung moderner Langzeit- oder Depotdünger erstreckt sich über mehrere Monate oder über eine ganze Vegetationsperiode. Diese Dünger geben die Nährstoffe abhängig von Temperatur und Feuchtigkeit in dem Maße ab, wie die Pflanzen sie brauchen.

Wenn der Winter kommt ...

Eine ordnungsgemäße Pflanzung mit einer vom Erdreich überdeckten Veredlungsstelle ist bereits die beste Vorsorge. Selbst wenn in einem extrem kalten Winter mit Barfrost die Triebe bis zur Erdoberfläche zurückfrieren sollten, kann sich die Rose aus den unterirdischen Teilen heraus wieder regenerieren.

Weitere vorbeugende Maßnahmen für einen wirkungsvollen Winterschutz sind:
• rechtzeitig eingestellte Düngergaben
• eine gute Holzreife im Herbst
• effektiver Pflanzenschutz

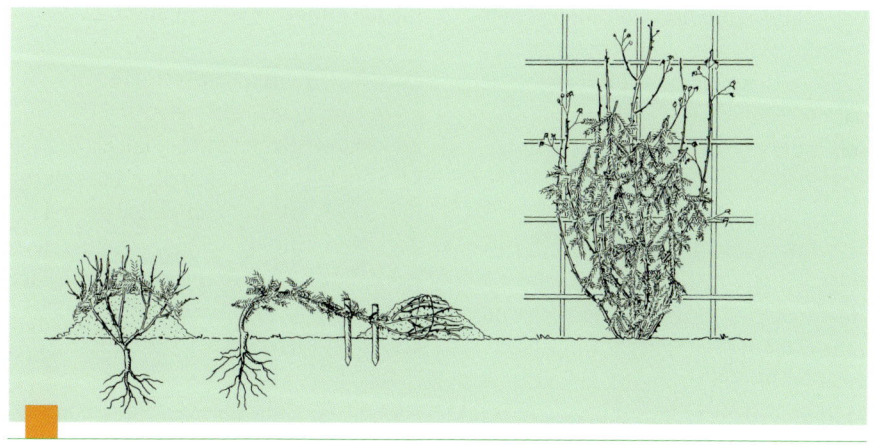

Zweckmäßiger Winterschutz bei Buschrosen, Stammrosen und Kletterrosen.

Bei zweckmäßigem, luftdurchlässigem Schutz kann auch ein strenger Winter den Rosen nicht schaden.

Sie sollten die direkten Maßnahmen für den Winterschutz keinesfalls zu früh vornehmen. Warten Sie einige Fröste ab, um die Triebe abzuhärten. Im Flachland brauchen Sie mit dem Winterschutz nicht vor November beginnen.

Anhäufeln, Abdecken, Umlegen

Üblicherweise schützen Sie Ihre Buschrosen im Spätherbst, indem Sie sie mit Erde aus den Pflanzzwischenräumen anhäufeln. Dabei müssen Sie vorsichtig vorgehen und darauf achten, die Wurzeln nicht freizulegen oder zu beschädigen. Eine zusätzliche leichte Abdeckung mit Fichtenreisig, besonders bei Kletterrosen, schützt vor austrocknenden Winden und Sonneneinstrahlung.

In wintermilden Gebieten wird vielfach auf das Anhäufeln verzichtet. Bei korrekter tiefer Pflanzung ist das ohne weiteres möglich. Abhäufeln können Sie im Frühjahr, sobald keine starken Fröste mehr zu erwarten sind, möglichst an einem trüben Tag. Stammrosen werden über die Schnitt

stelle am Stammgrund umgelegt, solange es die Elastizität des Stammes ermöglicht. Achtung: In die Gegenrichtung gebogen bricht der Stamm aus! Fixieren Sie ihn mit einer Astgabel am Boden und bedecken Sie Krone und Stamm mit Erde und Fichtenreisig. Ist der Stamm zu stark für das Umlegen, schützen Sie Krone und Stamm mit luftdurchlässigem Material wie Reisig, Stroh oder Schilf und umhüllen das Material mit grobem Sackleinen. Der Pflanzpfahl muss dann stark genug sein, um bei Schneefall und Sturm die höhere Belastung auf der vergrößerten Oberfläche abzufangen.

Folientüten sind zwar bequem, schaden aber eher als dass sie nützen, weil unter ihnen eine Art Gewächshausklima entsteht. Die Rose baut dann im Frühjahr ihre Frosthärte zu früh ab. Falls es in dieser Jahreszeit dann doch noch zu Frösten kommt, schädigen sie die Pflanze. Auch Luftlöcher ändern daran nicht viel.

Schon das Abdecken mit Reisig schützt die Rosen vor extremen Temperaturen und austrocknenden Winden.

Feinde der Rosen

Wie jede andere Pflanze bleibt auch die Rose nicht verschont von verschiedensten Organismen, die sich auf ihr ansiedeln und auf ihr leben. Darunter leidet zunächst ihr Aussehen, später ist aber auch ihre Wuchskraft beeinträchtigt oder sogar ihre Lebensfähigkeit gefährdet. Auch andere äußere Einflüsse wie Witterung oder Bodenverhältnisse (siehe Seite 30f.) können die Pflanze zusätzlich schädigen. Einige dieser „Schadensverursacher" treten regelmäßig auf, andere so selten, dass sie kaum jemand kennt. Die einen führen zu schweren Beeinträchtigungen, andere lohnen nicht den Aufwand einer Bekämpfung.

Sie sollten in jedem Fall die bestmöglichen Wachstumsbedingungen schaffen, da eine kräftige, wüchsige Pflanze Angriffe entweder besser abwehren oder zumindest besser verkraften kann. Diese Bedingungen legen Sie bereits indirekt mit der Sortenwahl, dem Standort und den Pflanzvorbereitungen fest, ohne dass Sie dabei vorbeugende Maßnahmen gegen Krankheiten und Schädlinge im Auge hätten. Seien Sie sich aber bewusst, dass alle Maßnahmen, die erst beim Auftreten von Schädigungen ergriffen werden, notgedrungen „Stückwerk" bleiben. Insofern erfolgt der beste und vorbeugende Pflanzenschutz immer schon vor der Pflanzung. Sie können durch den Schutz und die Förderung von Nützlingen dem Befall einiger Schädlinge entgegenwirken oder ihn mindern, oft aber nicht verhindern. Insbesondere gegen Pilzkrankheiten muss man dann doch zum Pflanzenschutzmittel greifen, um noch größeren Schaden abzuwenden. Sachgerechte Auswahl und Anwendung nach Vorschrift minimieren eventuelle Nebenwirkungen, zumal die Industrie zunehmend hoch wirksame, aber weitgehend nützlings- und umweltschonende Mittel zur Verfügung stellt. Eine Auswahl dieser Präparate, ihre Dosierung und Anwendung ist im Anhang für Sie zusammengestellt. Bei den chemischen Pflanzenschutzmitteln müssen Sie die Anwendungs- und Benutzerhinweise zu den jeweiligen Präparaten unbedingt einhalten!

■ ACHTUNG, NEUES PFLANZEN-SCHUTZGESETZ

Seit dem 1. Juli 2001 ist in Deutschland das neue Pflanzenschutzgesetz in Kraft getreten. Seit diesem Termin dürfen die einzelnen Pflanzenschutzmittel also nur noch bei ganz bestimmten, in der Gebrauchsanweisung festgelegten Pflanzen gegen die dort aufgeführten Krankheiten und Schädlinge angewandt werden. Diese Art der Zulassung wird in der Fachsprache „Indikationszulassung" genannt. Die neuen Vorschriften gelten für Ziergärten und Balkonpflanzen genauso wie für Obst- und Gemüsegärten. Es sind also nicht nur Erwerbsgärtner und Landwirte, sondern auch Sie als Hobbygärtner und Pflanzenliebhaber von dieser neuen Gesetzgebung betroffen.

Pilzliche / bakterielle Schaderreger, deren Schadbild und vorbeugende und mechanische Bekämpfung

Schaderreger/Krankheit	Schadbild	vorbeugende/mechanische Gegenmaßnahmen
Blattfleckenkrankheit (Cercospora rosicola)	Auf den Blättern rundliche, braun oder rötlich umrandete Flecken mit hellerer, grauer Mitte. Bei starkem Befall vorzeitiger Laubfall.	- erkrankte Blätter entfernen und vernichten
Echter Mehltau (Sphaerotheca pannosa var. rosae)	Auf der Blattoberseite weißer, mehliger, später stäubender Belag. Blätter in der Folge rötlich und verkrüppelt. Auch Triebe und Blütenkelche können befallen sein.	- Wahl von Sorten, die wenig befallen werden - Standorte in eingeschlossenen Lagen ohne Luftbewegung vermeiden - kalibetont düngen
Falscher Mehltau (Peronospora sparsa)	Auf der Blattunterseite grauweißer Belag, auf der Oberseite schmutzig-graubraune Flecken. Später welken die Blätter und fallen ab. Knospen welken und vertrocknen.	- vorwiegend unter Glas. Begünstigende Faktoren: starke Temperaturschwankungen und erhöhte Feuchtigkeit. - befallenes Laub und kranke Triebe entfernen und vernichten
Rindenfleckenkrankheit/ Rindenbrand (Coniothyrium wernsdorffiae)	An vorjährigen Trieben dunkle, bräunliche, meist rötlich umrandete Flecken, die schließlich den ganzen Trieb umschließen. Nach Eintrocknen platzt die Rinde mit wulstigen Randverdickungen. Der darüber liegende Triebteil stirbt ab.	- befallene Triebe bis ins gesunde Holz zurückschneiden, kranke Teile vernichten - hohe Stickstoffdüngung und Rindenverletzungen vermeiden - Winterschutz möglichst spät aufbringen und rechtzeitig wieder entfernen, um Ausreife des Holzes zu fördern
Rosenrost (Phragmidium mucronatum, Ph. tuberculatum)	Im Frühjahr an den Trieben leuchtend orangefarbene Schwielen, im Sommer auf den Blättern kleine gelbliche bis rötliche Flecken. An der Blattunterseite braune, später schwärzliche kleine Pusteln. Bei starkem Befall Vergilben und Abfallen des Laubes.	Die Krankheit tritt bevorzugt in feuchten, wärmeren Gebieten auf. - mäßige Stickstoff- und verstärkte Kalidüngung - befallene Triebteile beim Rückschnitt im Frühjahr entfernen und vernichten
Stängel- und Blütenfäule durch Grauschimmel (Botrytis cinerea)	Blütenknospen verklumpen, werden braun, blühen nicht auf und werden mit einem grauen Schimmel überzogen. Auf den Blütenblättern hell blühender Sorten rötliche Flecken.	Besonders gefährdet: Sorten mit starker Blütenfüllung und weichen Blütenblättern. - übermäßige Feuchtigkeit, fehlenden Luftaustausch und Stickstoffüberdüngung vermeiden - befallene Blüten- und Triebteile entfernen
Sternrußtau (Diplocarpon rosae)	Auf den Blättern dunkle, schwärzliche, runde bis sternförmige Flecken. Blätter vergilben und fallen ab. Nach frühem und starkem Befall Neuaustrieb, der bis zum Herbst oft nicht mehr rechtzeitig ausreifen kann; die Folge sind Frostschäden.	- Wahl von Sorten, die wenig befallen werden - beim Wässern Blätter wenig benetzen und so vorgehen, dass das Laub schnell abtrocknen kann - abgefallene Blätter vernichten, um Neuinfektionen zu vermeiden

Tierische Schädlinge und deren chemische Bekämpfung*

Schädling	Beispielpräparat/Anwendung	Wirkstoff/Zulassung
Blattläuse (*Macrosiphum rosae* *und andere*)	**Gabi Pflanzenspray** - sprühen bis zur sichtbaren Benetzung - max. 1 Anwendung je Befall - bei Befallsbeginn bzw. Sichtbarwerden erster Symptome - Freiland - ausgenommen Blütezeit!	Dimethoat (zugelassen bis 31.12.2006)
	Lizetan Neu Zierpflanzenspray - sprühen - max. 2 Anwendungen je Befall - bei Befallsbeginn bzw. Sichtbarwerden erster Symptome - Freiland - ausgenommen Blütezeit!	Imidacloprid (zugelassen bis 31.12.2008)
	Lizetan Plus Zierpflanzenspray - sprühen - max. 2 Anwendungen je Befall - bei Befallsbeginn bzw. Sichtbarwerden erster Symptome - Freiland - ausgenommen Blütezeit!	Imidacloprid und Methiocarb (zugelassen bis 31.12.2008)
	Metasystox R spezial - 0,25 %ig spritzen - max. 2 Anwendungen je Befall - bei Befallsbeginn bzw. Sichtbarwerden erster Symptome - Freiland - ausgenommen Blütezeit!	Oxydemeton-methyl (zugelassen bis 31.12.2003)

	Neudosan Neu
	- 1,2 ml/m^2 bei Pflanzen < 50 cm
	- 1,8 ml/m^2 bei Pflanzen zwischen 50 – 125 cm
	- 2,4 ml/m^2 bei Pflanzen > 125 cm
	   spritzen bis zur sichtbaren Benetzung
	- max. 5 Anwendungen je Befall
	- bei Befallsbeginn bzw. Sichtbarwerden
	   erster Symptome
	- Freiland
		Kali-Seife
		(zugelassen bis 31.12.2007)

	Pflanzen Paral Blattlaus-frei S
	- unverdünnt spritzen bis zur sichtbaren
	   Benetzung
	- max. 3 Anwendungen je Befall
	- bei Befallsbeginn bzw. Sichtbarwerden
	   erster Symptome
	- Freiland
		Rapsöle
		(zugelassen bis 31.12.2005)

Tierische Schädlinge und deren chemische Bekämpfung (Fortsetzung)

Schädling	Beispielpräparat/Anwendung	Wirkstoff/Zulassung
	Schädlingsfrei Neem - 0,3 ml/m² spritzen bis zur sichtbaren Benetzung - max. 2 Anwendungen je Befall - bei Befallsbeginn bzw. Sichtbarwerden erster Symptome - Freiland	Azadirachtin (zugelassen bis 31.12.2008)
	Spruzit-Gartenspray - sprühen bis zur sichtbaren Benetzung - max. 15 Anwendungen je Befall - bei Befallsbeginn bzw. Sichtbarwerden erster Symptome - Freiland	Pyrethrine und Piperonylbutoxid (Synergist) (zugelassen bis 31.12.2005)
	Spruzit-Staub - 2,5 g/m² stäuben - keine Beschränkung Anwendungshäufigkeit - bei Befallsbeginn bzw. Sichtbarwerden erster Symptome - Freiland	Pyrethrine und Piperonylbutoxid (Synergist) (zugelassen bis 31.12.2003)
	Rosen-Pflaster - 1 Pflaster pro Trieb auftragen - max. 3 Anwendungen je Befall - bei Befallsbeginn bzw. Sichtbarwerden erster Symptome - Freiland	Dimethoat (zugelassen bis 31.12.2006)
Blattwanzen (*Lygus*-Arten)	Lizetan Plus Zierpflanzenspray (siehe Blattläuse) Spruzit-Gartenspray (siehe Blattläuse)	Imidacloprid und Methiocarb (zugelassen bis 31.12.2008) Pyrethrine und Piperonylbutoxid (Synergist) (zugelassen bis 31.12.2005)
Dickmaulrüssler (*Otiorrhynchus sulcatus*)	derzeit keine chemischen Mittel, jedoch Nematoden-Präparate zuge-lassen (siehe Seite 87).	–
Miniermotten (*Nepticula*-Arten)	Insekten-Spritzmittel Roxion - 0,06 ml/m² spritzen - max. 1 Anwendung je Befall - bei Befallsbeginn bzw. Sichtbar-werden erster Symptome - Freiland	Dimethoat (zugelassen bis 31.12.2003)

Tierische Schädlinge und deren chemische Bekämpfung (Fortsetzung)

Schädling	Beispielpräparat/Anwendung	Wirkstoff/Zulassung

Rosenblattwespe *(Endelomyia aethiops)*	Spruzit-Staub
	- 2,5 g/m² stäuben
	- keine Beschränkung der Anwendungs-
	  häufigkeit
	- bei Befallsbeginn bzw. Sichtbar-
	  werden erster Symptome
	- Freiland
		Pyrethrine und
		Piperonylbutoxid (Synergist)
		(zugelassen bis 31.12.2003)

Rosenzikade *(Edwardsiana rosae)*	Lizetan Neu Zierpflanzenspray (siehe Blattläuse) Lizetan Plus Zierpflanzenspray (siehe Blattläuse) Metasystox R spezial (siehe Blattläuse) Schädlingsfrei Neem (siehe Blattläuse) Spruzit-Gartenspray (siehe Blattläuse)	Imidacloprid (zugelassen bis 31.12.2008) Imidacloprid und Methiocarb (zugelassen bis 31.12.2008) Oxydemeton-methyl (zugelassen bis 31.12.2003) Azadirachtin (zugelassen bis 31.12.2008) Pyrethrine und Piperonylbutoxid (Synergist) (zugelassen bis 31.12.2005)

Spinnmilbe/Rote Spinne *(Tetranychus urticae)* und andere	Metasystox R spezial
	(siehe Blattläuse)
	Neudosan Neu
	(siehe Blattläuse)
	Promanal Neu Austriebsspritzmittel
	- 1,2 ml/m² bei Pflanzen < 50cm
	- 1,8 ml/m² bei Pflanzen zwischen 50 – 125 cm
	- 2,4 ml/m² bei Pflanzen > 125 cm
	- max. 1 Anwendung je Befall
	- zur Minderung des Frühbefalls,
	  gegen Wintereier
	- Freiland
	- Mindestabstand von 20 m zu
	  Oberflächengewässern beachten
	Schädlingsfrei Neem
	(siehe Blattläuse)
		Oxydemeton-methyl
		(zugelassen bis 31.12.2003)
		Kali-Seife
		(zugelassen bis 31.12.2008)
		Mineralöle
		(zugelassen bis 31.12.2005)
		
		Azadirachtin
		(zugelassen bis 31.12.2009)

Thrips *(Thysanoptera)*	Schädlingsfrei Neem (siehe Blattläuse) Metasystox R spezial (siehe Blattläuse) Spruzit-Gartenspray (siehe Blattläuse)	Azadirachtin (zugelassen bis 31.12.2008) Oxydemeton-methyl (zugelassen bis 31.12.2003) Pyrethrine und Piperonylbutoxid (Synergist) (zugelassen bis 31.12.2005)

Tierische Schädlinge und deren chemische Bekämpfung (Fortsetzung)

Schädling	Beispielpräparat/Anwendung	Wirkstoff/Zulassung
Wühlmaus (Arvicola terrestris)	DELU Wühlmausgas - 5 g pro Bau begasen zur Vergrämung - nach Befallsbeginn; ganzjährig - Freiland	Calciumcarbid (zugelassen bis 31.12.2011)
	Wühlmausköder Arrex - 5 g je 8 –10 m Ganglänge - verdecktes Auslegen von Giftkörpern bei Befall; ganzjährig - Freiland	Zinkphosphid (zugelassen bis 31.12.2009)
	Wühlmaus-Patrone Arrex - mit 1 Stück je 5-7 m Ganglänge begasen - max. 1 Anwendung je Befall - Freiland	Begasungsmittel (zugelassen bis 31.12.2011)

* Die angegebenen Präparate und Wirkstoffe sind von der Biologischen Bundesanstalt für Land- und Forstwirtschaft (BBA) im Haus- und Kleingartenbereich zugelassene Pflanzenschutzmittel für Rosen. Es sind Beispiele für den Wirkstoff und stellen keine Wertung dar. Zugelassene Präparate anderer Hersteller mit dem gleichen Wirkstoff können ebenfalls verwendet werden.

Die Auflistung bezieht sich auf den Kenntnisstand vom September 2001 und es ist zu berücksichtigen, dass diese ständigen Veränderungen unterliegt. So kann ein Pflanzenschutzmittel eher als angegeben aus der Zulassung genommen oder auch bei einem demnächst auslaufenden Präparat der Zulassungszeitraum verlängert werden. Auskünfte über die aktuelle Zulassungssituation sind beim zuständigen Pflanzenschutzamt zu erhalten.

Die Tabellen auf den Seiten 90-94 wurden von Herrn Dipl.-Ing. (FH) Gerhard Steinecke, Landesanstalt für Pflanzenschutz, Stuttgart erstellt.

Register

Literatur

Gottschalk, W.: Ratschläge für den Rosenfreund. Neumann Verlag Leipzig, Radebeul 1985
Haenchen, E. und F.: Das neue Rosenbuch. Dt. Landwirtschaftsverlag, 4. Aufl., Berlin 1981
Hawthorne, L.: Rosen. Dorling Kindersley Verlag, München, 2001
Woessner, D.: Das Schneiden der Rosen. Ulmer Verlag, Stuttgart 1992
The National Rose Society's Handbook on pruning roses. New and revised edition, Berkhamsted 1912
Ziergehölze schneiden. BLV Verlagsgesellschaft, München 2000

Bildquellen

Bärtels, Andreas; Waake: Titelbild klein (unten).
Himmelhuber, Peter; Regensburg: Titelbild klein (oben), Seite 21, 22, 26, 64, 84 oben und unten.
GBA/Perder: Seite 78/79.
Reinhard, Hans; Heiligkreuzsteinach: Titelbild groß und alle übrigen Fotos.
Reinhard, Nils; Heiligkreuzsteinach: Seite 46.
Veser, Jochen; Stuttgart: Seite 65, 66 rechts und links.
Die Zeichnungen fertigte Rüdiger Ziegler, Eckernförde nach Vorlagen des Autors an.

Österreichische Ausgabe:
Reinhard, Hans; Heiligkreuzsteinach: Titelbild groß
Bärtels, Andreas; Waake: Titelbild (Freisteller)
Himmelhuber, Peter; Regensburg: Umschlagrückseite

Impressum

CIP-Kurztitelaufnahme der Deutschen Bibliothek
Haenchen, Eckart:
Rosen pflegen und schneiden / Eckart Haenchen.- Stuttgart (Hohenheim) : Ulmer [Leopoldsdorf]: Österr. Agrarverl., 2002
ISBN: 3-8001-3819-0
ISBN der österreichischen Ausgabe:
3-7040-1887-2

Das Werk einschließlich aller seiner Teile ist urheberrechtlich geschützt. Jede Verwertung außerhalb der engen Grenzen des Urheberrechtsgesetzes ist ohne Zustimmung des Verlages unzulässig und strafbar. Das gilt insbesondere für Vervielfältigungen, Übersetzungen, Mikroverfilmungen und die Einspeicherung und Verarbeitung in elektronischen Systemen.

© 2002 Eugen Ulmer GmbH & Co. Wollgrasweg 41,
70559 Stuttgart (Hohenheim)
Email: info@ulmer.de
Internet: www.ulmer.de
Printed in Germany
Lektorat: Simone Schwarzer, Karin Wachsmuth
Herstellung & DTP:
Die Herstellung, Stuttgart
Druck und Bindung:
Georg Appl, Wemding